Personajes de bandera

Lectura para adultos con una carrerita o algo (1)

T0380619

Masuriel

Para pedidos de copias adicionales de este libro, por favor contacte con:
Palibrio
1663 Liberty Drive, Suite 200
Bloomington, IN 47403
Llamadas desde los EE.UU. 877.407.5847
Llamadas internacionales +1.812.671.9757
Fax: +1.812.355.1576
ventas@palibrio.com
364344

Índice:

Prólogo.

Tal y como ya lo hiciera con mi primer Libro *"No era su día. Chascarrillos de siempre, contados de otra forma e ilustrados de otra manera"*, y tal como luego con mi segundo: *"Librete de muestra. Anticipo de la Serie Reflexiones aforísticas y evomoralizantes"*, hoy tengo el gusto de presentarle, amable lector, o lectora, otro recopilatorio también extraído de la misma Serie madre de todo este enredo. Y éste, compuesto por una cincuentena de temas referidos todos ellos a personas que han estado, o están, en el primer plano de la actualidad. Casi todas.

Como en mi Serie madre me dedicaba -y me dedico- a comentar, criticar o interpretar a mi manera todo aquello que caía, y cae, en mis manos: notas de prensa, chistes, anécdotas, acontecimientos, noticias, eventos, datos históricos, etc., etc., pues me encontré con muchos temas referidos a personas del pasado o del presente, y viendo que ya tenía una buena pila de ellos acumulada, pues se me ocurrió montar una especie de paquete monotemático. Y así es como nació, o ha nacido, finalmente, este Libro, que titulo: ***"Personajes de bandera. Lectura para adultos con una carrerita o algo (1)"***. Que reconozco ahora que tal vez habría sido más correcto y preciso titularlo ***"Personajos y personajas de bandera."***, puede que sí. Que así lo habrían preferido mejor, por ejemplo, el señor Arzálluz y el señor Ibarreche, aquellos dos grandes compatriotas que fueron muy famosos políticos, y que tan bienhumorados y tan ocurrentes lo fueron los dos -y lo serán, supongo- y ¡tan machotes!, pero no; no he titulado así mi Libro, porque yo soy un poco más cortado y un poco más cauto que aquellos dos señores. Aún. Aunque reconozco que no irían desencaminados en su idea de enfatizar, por cuanto que en este Libro van a verse reflejados o recordados exclusivamente hombres y mujeres ¡¡con arrestos!!, ¡¡con agallas!! y con el identificador de sus respectivas anatomías ¡¡bien puesto!! O sea que sin duda el señor Arzálluz y el señor Ibarreche llevarían razón, pero, ya digo, no me he atrevido.

Y aclarar que los temas han sido elaborados siempre a partir de los datos que han ido apareciendo en los medios, es decir, de datos hechos públicos por otros comunicadores y escritores, y a quienes yo siempre identificaré. Y, por supuesto, mis particulares comentarios y razonamientos humorísticos nunca irán relacionados con aspectos de las vidas privadas ni nada de eso. Que la intimidad de cada cual es sagrada para mí. Yo comentaré bajo mi particular criterio y humor cosas de hombres, mujeres y no definidos que ya son famosos y triunfadores, y que nos los han ido presentando como tales insistentemente los medios, ya digo. Y a esa cara pública, exclusivamente, me referiré en todo momento. Uno a uno, o en grupos. A aquél o aquéllos que se han hecho populares por la política, por los Deportes, por las violencias que han practicado, por los cotorreos que han protagonizado, por las grandezas evitadas, por las simplezas dichas…: hombres, mujeres o no definidos, en definitiva, que han llegado a sobresalir entre los demás mortales. Y aquí, tan sólo una muestra, solamente unas decenitas de ellos. Aunque muy interesantes todos, creo. Y, eso sí: como este Libro ¡¡seguro!! que gustara, y como este Libro ¡¡seguro!! que generará una cierta curiosidad, pues igual en un futuro cercano, y si me lo suplica la audiencia, pues igual no sabré negarme, e iré a por el segundo. Pero éste lo ha sido, y el potencial siguiente lo sería, elaborado siempre desde el máximo respeto a la intimidad, e intentando que ningún protagonista se sienta ofendido, sino más bien homenajeado. Y adelanto aquí mis disculpas a todos, en todo caso.

En cuanto a su estructura literaria, yo sigo empeñado en la mía particular y ¡sencillísima!, y será éste otro recopilatorio hecho tal como hice los anteriores, es decir, temas con principio y final propios y que permiten que el Libro se empiece por cualquiera página, encadenados todos por orden alfabético y numerados uno detrás del otro para su fácil localización. Y en éste de hoy, repito, tan sólo títulos referidos a personas, o grupos de personas, que han destacado, o están destacando, por algo, bueno o malo, y que ese algo los ha convertido en famosos, en triunfadores, en populares, en espejos en los que mirarnos los demás, digamos...vulgarotes.

Y cuento ya con que algunos lectores, o lectoras -éstas mucho más, pues que son menos comprensivas-, igual un poco moscas se preguntarán, tras de leer algún tema, si por hacer tal idiotez, o por confesar tal guarrería, o por practicar tal violencia, o por decir tal chorrada, o por protagonizar tal excentricidad, ya se merecían éste o aquel personaje la fama y la popularidad que le vino encadenada. Y esto, en algunos casos, ya digo. Y cuento con que algunos, al traérselos yo a la memoria según qué casos, acabarán indignándose de ver que es ¡¡tanta!! la zafiedad, y ¡¡tanta!! la injusticia que nos acorralan. Y cuento con que algunos tendrán hoy la misma tentación de aquel día en que acabaron desconectando la tele o la radio con rabia, o pisoteando el periódico con rabia, o cagándose en todo -con perdón- con rabia..., pero, y permítaseme el reproche, esos algunos, o esas algunas, se estarán equivocando, pues que ¡nada! conseguirán con su indignación y con su enfado. Porque todo esto del tránsito por esta vida es mejor tomárselo a broma, como no me cansaré de repetir. Que no nos queda otra solución. O sea, que me permito aconsejarles ahora yo a ellos y a ellas -aunque a ellas casi que será perder el tiempo, porque ellas son muy suyas- ¡otra vez! que procuren tener paciencia. Y confieso que yo mismo también, al escribir sobre muchas de las situaciones, tuve -y tengo- que armarme también de paciencia. Pero yo insistí -e insisto- en seguir firme con mi propósito. Por darle alguna salida a mi indignación, en lugar de liarme a patadas y a soltar improperios, que era lo que a mí también me pedía -y me pide- el cuerpo. Y creo que hice -y hago- lo correcto, francamente. En las entradillas de cada tema iré haciendo ahora una pequeña introducción para explicar de qué iba la cosa en su momento, o a quién me iba a referir, o alguna otra pista. Para ir preparando el ánimo. ¡Ah!, y todos los temas asentados en versos octosílabos de rima libre asonante, intersticial y axiomática, como ya es mi costumbre, pues que en esta particular estructura se pueden sacar mejor el sarcasmo y la ironía con los que siempre trato de comentar las noticias o los hechos que se hacen públicos y que llegan a mi escritorio.

¡Y esto es todo! Quedo en el anhelo de que éste, mi nuevo Libro, le sirva a usted también de grato entretenimiento, querido lector o lectora, -si lectora, ¡mucho! más querida-, y hoy otra vez las dos advertencias que me he permitido hacerle en otras ocasiones. La primera: léalo despacito, recreándose en cada uno de los versos para descifrarlos mejor, y la segunda: que ¡ni se le ocurra! a usted prestárselo a nadie. Que luego no se lo devolverían, y como usted ya no podría pasar sin mi nuevo Libro en su biblioteca, pues se vería usted obligado, u obligada, a comprárselo de nuevo, y no están los tiempos como para despilfarrar, ni como para tirar el dinero. O sea, que léalo despacito, primero, que además así le durará más y no le dará tanta pena que se le acabe, y, segundo, y sobre todo, no se lo preste usted a nadie. Quien quiera tener el honor de leer el nuevo Libro escrito e ilustrado por "Masuriel", *"Personajes de bandera"*, ¡que se rasque el bolsillo, hombre...!, que tiene ¡el pobre! tanta ilusión con hacerse multimillonario... Y repito: adelanto aquí mis disculpas a quien pudiera sentirse molesto o contrariado por mis bromas, pues nunca habrá sido mi intención la de ofender ni la de importunar a nadie. Que éste es un simple libro de humor. O aspira a serlo.

Y, pues eso: que procure usted ser mucho más práctico, un poquitítín más malicioso y una pizquita más transigente, mi querido amigo o amiga. Y que se divierta usted con éste, mi nuevo Libro, y ya el suyo.

Y ¡¡muchísimas gracias!! por su caridad.

El autor

1

Y vamos con el primero. O la primera. O los de la portada.

"EN LA MÁS ESTRICTA INTIMIDAD"

La Duquesa de Alba anuncia que su boda será en octubre

Los padrinos del enlace serán dos de los hijos de la Duquesa, Carlos y Carmen Tello, por expreso deseo de Alfonso Díez.

LIBERTAD DIGITAL

La Duquesa ha especificado que dicho enlace se celebrará en "la más estricta intimidad" y contará con la presencia de sus seis hijos, así como sus respectivas mujeres actuales, anteriores nueras y su yerno Francisco.

Los padrinos del enlace serán dos de los hijos de la Duquesa, Carlos y Carmen Tello, por expreso deseo de Alfonso Díez. Ninguna amiga de la Duquesa asistirá a la ceremonia "por falta de espacio y para que no se puedan sentir ofendidas". Por el contrario, el doctor Trujillo, que intervino a la Duquesa de Alba quirúrgicamente, sí estará presente en el enlace.

La Duquesa ha precisado que la prensa no acudirá al evento y "únicamente un fotógrafo difundirá las fotografías a todos los medios". Por último, ha pedido a la prensa que cesen "las especulaciones falsas y respeten mi tranquilidad".

La Duquesa de Alba nació el 28 de marzo de 1926 en el Palacio de Liria, en Madrid. Tras la muerte de su padre Jacobo Fitz-James, en 1953, heredó el Ducado. De su matrimonio con su primer marido, Luis Martínez de Irujo y Artacoz, en octubre de 1947, nacieron seis hijos: Carlos, duque de Huéscar; Alfonso, duque de Aliaga, Jacobo, conde de Siruela; Fernando, marqués de San Vicente del Barco; Cayetano, conde de Salvatierra y Eugenia, duquesa de Montoro.

Tras la muerte de su primer marido en 1972, la Duquesa de Alba volvió a contraer matrimonio seis años después con el exsacerdote Jesús Aguirre, quien se convirtió en decimoctavo Duque de Alba. Aguirre falleció en Madrid el 12 de febrero de 2001. La duquesa de Alba es la tercera mujer que ostenta el título por derecho propio dentro de la familia.

A LA DUQUESA DE ALBA:
¡la tercera a la vista!

¡Hay que ver!, ¡pobre señora!,
o, mejor, ¡pobres señores!,
lo que atrás están echando;
doña "Caye" y don "Fonsi";
pero, sobre todo, ella.
la Duquesa Cayetana.

Por decir que se casaban,
reproches cuasi procaces
de ¡los perlas! de sus hijos,
-y de sus nueras, ¡lo máximo!-,
esa camada de buitres
que piensan que doña "Caye"
mano alante, mano atrás
a los "¡pobres!" va a dejarlos…,

mala cara el personal
-domésticos y domésticas-
porque piensan que sin curro
se quedan, o sea, parados…,

insolencias de los ¡tantos!
que chupan de sus cortijos
y de sus múltiples casas,
palacetes y etcétera,
porque piensas que ahora ellos,
-"Fonsi" y ella-, a patearse
el patrimonio heredado…,

agria actitud de los bancos,
que piensan que igual se llevan
la pasta, y ¡menuda ruina…!

Desde luego, es que ¡hay que ver!,
lo mal que lo pasa aquél

que lo es rico y potentoso
y está, de parné, sobrado,
y de inmuebles variopintos,
y de títulos pomposos,
y de joyas y de arreos…,
como lo está la Duquesa.
Que él, menos; que él, funcionario.

Que por eso tanto acoso,
que por eso ¡tanto! escándalo.

Si fuera una pobretona
como la mujer del Bono,
por ejemplo, o del Montilla,
nadie le haría ni caso.

Pero, ¡claro!, está bien puesta…,
y ya, que si un "braguetazo…",
que si la va a engatusar…

O sea, todo pegas, ¡la pobre!

Y es que, ¡claro!, en una edad
en la que el cuerpo le pide
marcha y mecha, y es lo lógico
que ella, pues claro, ya quiera
darse, siquiera, un ratito
de gusto de vez en cuando,

y aplacarse el ese instinto
que a esa edad ¡tan saludable!,
y ya olvidarse un poquito
del auto-rasque entrepiérnico
que en soledad practicando.

¡Pero, nada!, ¡no hay manera!,
ya digo: todos poniéndole
pegas y pegas y pegas

a que ella quiera ejercer
su deseo ferviente y tácito,
o sea, el de abrirse de patas
ante ese mozo ardoroso
que es de su gusto y su agrado.

¡Su "Fonsi", sí, sí, su "Fonsi",
quien también, ¡pobre!, a su vez,
¡polvo! a tocamientos íntimos,
y eso no es serio ni es sano.

Pues la tenían ya amargada,
ya digo, y bastante inquieta
a la pobre doña "Caye".

Hasta que un día ya se hartó,
y ya dijo: "¡¡se acabó!!

Que aquí la que manda es yo,
que, aquí, la dueña de todo
por la transmisión legítima
de los mis antepasados
de este imperio hermosísimo,
y ahora, pues voy a hacer, pues,
¡lo que me salga de abajo!".

Del coño, quería decir.
Con perdón. Y ha cogido
y ha reunido a sus seis hijos
y les ha tirado al morro
a cada uno un pastón
en forma de fincas rústicas,
casas, cortijos, palacios…,
y les ha dicho:

"¿Sabéis?:
pues os vais ¡mucho! ¡a hacer gárgaras!

y a mí me dejáis en paz,
y a mí me dejáis a mí
que haga mi vida tal cual
me salga a mí del chumino".

Otro perdón.

   Les ha dicho.
Que doña "Caye" es muy tímida
y siempre buenas palabras,
pero cuando ella se enfada
ya tiene su geniecillo,
y suelta algún que otro taco.

Y ahora ya estaba enfadada;
¡¡mucho!!; y con toda razón,
y eso sí que hay que aceptárselo.

"¡Y ahí tenéis!: bienes de sobra
y de inmuebles variopintos,
y de títulos pomposos,
y de joyas y de arreos,
para que no lloréis más,
¡y no me deis más la lata!".

Y sin cortarse ¡¡ni un pelo!!,
y sin callarse ¡¡ni un mínimo!!
ni ya el menor disimulo
también:

   "¡¡A tomar por …!!,
¡¡buitres!!, ¡¡pedazo de fístulos!!,

que yo ya os he dado todo,
y así es como os comportáis
conmigo y mis sentimientos:
no dejándome vivir
como es mi deseo inmediato.

O sea, que ahí tenéis
más de lo que os merecéis,
¡y se acabó el cachondeo!,

que yo ¡¡ahora mismo!! me caso
con este chaval que a mí
ha tiempo me está rondando:
¡con mi 'Fonsi'!

                    ¡Tanta leche!
y ¡tantas pegas! conmigo,
¡que soy tan noble…!: ¡pues eso!:

me caso yo con mi 'Fonsi'
¡porque me sale del higo!,
¡¡y punto en boca!!, ¿está claro?

-¡Ay, perdón!, se me olvidaba-.

Y al que me venga con hostias
le desheredo ¡¡ahora mismo!!".

Que doña "Caye" es muy tímida
y siempre buenas palabras,
pero cuando ella se enfada
¡tiene ella un geniecillo…!

¡Pues sí, si!, le han hecho caso,
y hoy, día veintidós de Agosto
del dos mil once, ¡hoy mismito!,
ya ha hecho anuncio formal
de la boda con su "Fonsi".

Y, sus hijos, ¡calladitos!;
se han "apalancao" la herencia
dada por adelantado,
y ¡¡punto en boca!!, y a casa.

Y de aquí a dos meses, ¡hala!,
a acompañarla en su boda
y a componerlo juntitos
el entrañable retrato.

Y a bailar y a hacer el tonto
y a cortar la corbatita
del novio, y pasar bandeja,
y acabar todos borrachos.

Como una buena familia,
cariñosa y amorosa
y completamente aunados.
Que es como tiene que ser.

En la estricta intimidad,
el matrimonio -el tercero-
con sus hijos amantísimos
presentes, que jaleándoles
y tirándoles arroz
o lo que tengan a mano.

Y, después, uno por uno
a su casa, su cortijo,
o lo que le haya tocado.

Y el flamante matrimonio,
que ya lo será, ¡¡flamante!!,
¡a disfrutar por ahí!,
que la vida son dos días,
y ésos hay que aprovecharlos.

¡Y eso sí!: ya no más hijos;
doña "Caye" y don "Fonsi",
ya, más hijos, no, ¡¡por Dios!!,
ya pondrán ellos los medios
para no tener más hijos;
ya están bien escarmentados.

Y, de sirvientes…, poquitos,
que, al final, unos traidores.

Y de dineros a Bancos…,
pues también el justo y mínimo,
que aquí los Bancos son ¡¡¡todos!!!
unos arramblagazpachos.

O sea, que a vivir la vida,
a lo que ahora van los dos
a entregarse y dedicarse;
don "Fonsi" y doña "Caye".

Bueno, cuando ya se casen;
¡no arrejunten!, como dicen
"El Lute" y "Raquel Revuelta".

Y a dar total rienda suelta
a ese río de pasión
rayano en concupiscencia
que acompaña al ser humano,
sea cual sea su condición.

Y a patearse lo poquito
que a ellos les ha quedado.

Doña "Caye" y don "Fonsi",
¡qué matrimonio tan guay!

¡Pues eso!: a partir de Octubre,
boda por todo lo bajo.

Si Dios quiere. Que querrá.

Que Dios, ¡¡para nada!! gay,
y Dios es también muy majo.

Masuriel

2

Y seguimos con un tema polémico, referido a un colectivo polémico; éste que se nos presentaba en los medios así:

" *Examinador de Tráfico, profesión de alto riesgo.*

Los examinadores de Tráfico de toda España están convocados...
... en protesta por las crecientes y cada vez más frecuentes agresiones...
...La última agresión que ha terminado por hacer rebosar el vaso de la paciencia de los examinadores se ha producido hace unos días en Barcelona, concretamente el 6 de abril. Una joven que durante el examen práctico del carné de conducir se había metido en dirección prohibida por una calle se bajó del vehículo lanzando improperios al examinador, tras lo cual acudió en busca de su novio y una hermana suya para darle entre los tres una paliza al examinador...
... cuando el examinador hizo detener el coche después de que la chica, de 20 años, realizara la maniobra incorrecta que le valió el suspenso, ésta recogió sus pertenencias del maletero del coche de la autoescuela y volvió a subirse al vehículo, esta vez en el asiento de atrás. En ese momento, el examinador le devolvió el carné de identidad, y ella lo llamó 'hijo de puta' y le dio un manotazo...
...El examinador se negó a que continuara dentro del coche...
Tuvo que intervenir el profesor de la autoescuela...
Sin embargo, unos 45 minutos después, ya en la sede de la Jefatura de Tráfico de Montjuich, que apalizaron, cada uno desde una puerta, al examinador...
Los examinadores se sienten 'desamparados' y aseguran tener 'miedo'. 'Hasta ahora las agresiones se han quedado en magulladuras, pero cualquier día esto puede ir a mas. Es necesario establecer un protocolo de seguridad...'. ".

(El Mundo, 13/04/2010)

¿A LOS EXAMINADORES LEÑA?

¡A esto sí que no hay derecho!,
¡¡pobrecillos!!, ¡¡criaturitas!!,
¡¡esto sí que es un horror!!,
¡¡hasta aquí hemos llegado!!

Que a un pobre examinador
de Tráfico, ¡a un infeliz!,
con cuatro perras de sueldo,
¡al pobre!, eso, escupiéndole
en el pelo, y arreándole
patadas en la espinilla,
arañazos en la cara
y, en el lomo, zamporrazos...:

¡que no, que no!: ¡¡no hay derecho!!

Como al que hoy ha salido
por los medios denunciándolo.

El pobre examinador
de Barcelona, ¡¡angelico!!,
que, al pobre, ¡la que le han dado!

En Montjuich, ¡sí, sí!, en Montjuich,
en la tierra -hoy- del Montilla,
de la Manuela, el Carod,
el Pujol, la Ferrusola,
el Maragall..., ¡todos ésos!:
¡en Montjuich, sí, sí, en Montjuich!,
en la Sucursal de Tráfico.

Total, porque a una niñata
la suspendió..., ¡y con razón...!

Que, ¡la tía!, se cabreó…,
y fue y llamó a su novio…,

y entre ellos y alguno más,
al probo examinador
¡¡una paliza de escándalo!!
cuando en su coche ya se iba,
¡el pobre hombre!, a su casa,
tan tranquilo, a por el plato…

Y es que ya, no un caso aislado;
ya, las palizas, la pauta.

De eso es de lo que se quejan.

Que, hoy, los examinadores
no pueden, ¡pobres!, como antes,
como siempre, y desde siempre,
suspender impunemente
al alumno, y despreciarlo:
¡ya, ni pueden!, ¡¡ya no pueden!!

Que ahora hay ya mucha violencia
y hay sueltos muchos ¡histéricos!
y hay sueltas muchas ¡histéricas!
que dan más hostias que el Rambo.

Y los llaman "¡hijoputas!",
-con perdón-, y eso, y "¡cabrones!",
-con perdón-, y eso, y "maricas",
-con perdón-, y eso, y "borrachos",
-¡con perdón!-,

                    ¡¡y ya está bien!!,
¡¡con esto hay ya que acabar!!,

¡con todo este feo escándalo!

Que un pobre examinador
no pueda cargarse, ¡el pobre!,
a quien a él le dé la gana,
eso es fuerte, eso es ¡¡muy fuerte!!

Que cuando a él le dé la gana
no pueda decirle él
con una sonrisa cínica:

"¡suspendido!", "¡cateado!",
"¿no ha visto usted que la raya
la ha pisado dos milímetros,
casi tres..., al dar la vuelta...?:

¡pues a seguir con las prácticas!,
¡suspendido!, ¡cateado!".

¡Qué no pueda esto decírselo
como cuando estaba Franco...,
esto sí que es ya ¡¡lo último!!

Y es que nuestra España múltiple,
¡cómo está degenerando!

Y es que ¡hay que ver!, hoy en día,
cómo los están puteándolos.

A los funcionarios todos,
pero aún más a los de Tráfico.

Con lo que hay detrás de ellos...,
con el bien que hacen ellos...

La vidilla que les dan
a las pobres academias
y a los pobres empresarios
de ese gremio ¡tan honesto...!,

que, a duras penas, ¡los pobres!,
logrando sobrevivir…,
con esos precios ¡tan bajos…!

Y la vidilla a ellos mismos…,
a las propias Oficinas
de Tráfico…, que, ¡las pobres!,
tienen que cobrar las tasas
¡una, y otra, y otra vez…!

Con el bien que hacen ¡los pobres…!,
esos pobres esforzados,
¡todos, todos, todos ellos!,
¡todos! los que examinando…,

la amabilidad que tienen
y la sensibilidad
y la paciencia…

¡Qué escándalo!

Con la de traumas mentales
y morales que ellos cogen
cuando tienen que cargarse
a un aspirante al carnet,
y lo que tienen que hacer
¡pobres!, para superarlos…

Como a la niñata ésa
de Barcelona, que he dicho.
Y como a ¡tantos y tantos!

¡Tantos! brutos que hay por ahí…

Que, ¡encima!, todo lo arreglan
eso: insultando y pegando.

En fin, ¿qué voy a decir?:
cosas de la democracia,
que a un callejón sin salida,
yo creo, nos está llevando:
¡la maldita democracia!

Que hace que todos se crean
que a todo tienen derecho.

¡Hasta a protestar y todo!,
¡y hasta a rebelarse y todo!,
cuando alguien pisoteándolos.

¡La maldita democracia!

Que, ¡vamos!, que no poderte
tú, siendo ¡¡examinador!!,
catear cachondeándote
a una fulana, o fulano…,
¡¡siendo tú examinador…!!,

¡con lo que a ti te costó
sacarte el título mítico
de "¡¡Examinador de Tráfico…!!".

Que ya no puedas ¡¡ni eso!!,
ni ejercer con libertad,
por la ¡¡puta democracia!!,
-¡con perdón!-, como hoy lo cuentan
las noticias en la prensa…,

esto es duro, es ¡¡muy, muy duro!!,
esto ya es ¡¡un horror!!
y ¡¡un total desaguisado!!

Y esto ya no hay quien lo arregle,
¡esto no hay dios que lo arregle!

Iba a hacerlo el Felipe,
y fue su mayor fracaso…

Iba a hacerlo el Zapatero,
y, con él, aún peor…

Y el Aznar, ya, ni les cuento…

Y si ha de hacerlo el Rajoy…,
si ha de arreglarlo el Rajoy,
pues eso: ¡apaga, y vámonos!

Masuriel

3

¡Y vamos con el tercero!

Lo que sigue es un recordatorio en memoria y homenaje de un prestigioso Alcalde que hubo en Sabadell, quien se mantuvo en su puesto ¡una pila! de años. Y la tal hazaña se dice que fue posible gracias al incondicional apoyo que siempre le dio el ejército de rojos vocacionales que moraban por entonces entre nosotros. Aparte de por sus propios méritos personales, claro.

Ésta, pues, será la humilde crónica de la vida y obra -y obras- de un incorregible altruista, entregado por entero a un pueblo.

Que falleció, por cierto, a finales de Febrero del 2009. Y que Dios lo tendrá en Su Gloria. Aunque, bueno, como aquel señor era tan laico, igual se molestaría un poco por mi sincero deseo… Pero, bueno: descanse en paz junto a Dios Nuestro Señor, repito.

Que Él también acoge en Su Seno a los comunistas que aquí se han portado bien.

Vaya, pues, la siguiente, mi respetuosa broma, en honor de aquel pertinaz Alcalde.

A TONI FARRÉS,
quien fuera Alcalde de Sabadell.

Hoy quiero tener el gusto
de traer a la memoria
la semblanza de un político
que en Sabadell hizo historia:

Toni Farrés, grande Alcalde
del PSUC -grande, por alto-
quien regentó en este Pueblo
hasta el Dos mil…: ¡¡veinte años!!

Esta será la instantánea
de un humilde hombre de a pie,
observador pertinaz
de su entorno cotidiano,
quien, yendo holgado de tiempo,
se complace en recordar
las peripecias de otro hombre
nacido para triunfar,
o sea, un triunfador nato.

Pues, ¡sí, sí!, instinto de Alcalde,
traía ya, desde la cuna:
chupaba de las dos tetas
a la vez, no de una en una.

Y como niño…, algo apático…,
secucho, tez de aceituna…,
puede que por la Postguerra
plena de piojos y chinches
y privaciones…, ¡¡qué asco…!!

Luego, ya en la pubertad,
ya empezó a enmendarse un poco:

fue un tuno -no de una tuna-,
gran lanzador de cometas,

se aficionó a los arándanos
y un poco a los "Celtas cortos",

ya su cortaúñas propio,

fue Delegado de clase,

era una "Parker" su pluma,

ya empezó a llevar zapatos…

Es decir, fue dando pistas
de que en años subsiguientes,
su meta, en las estrellas,
su meta, ¡¡siempre lo máximo!!

Y lo máximo era: ¡¡Alcalde!!

¡Como el de Fuenteovejuna!

Pero eso: antes de alcanzar
el su sueño tan ansiado
sufrió un camino de espinas,
pues que, el su listón, ¡¡muy alto!!

En los tiempos del Franquismo
se entregó al arduo deber
de currar en un despacho
incómodo y vejatorio
de asuntos laboralistas,
y allí intermediar en pleitos
de trascendencia ninguna,
para, así, ayudarle a gentes
de los más bajos estratos.

Y se dio de lleno a temas
de lo oneroso y lo aciago:

"que si el patrón no me paga",
 "que si me sisan la prima",
"que si el retrete rebosa",
"que si no me compran casco...".

O sea, todas esas cosas
que el obrero reclamaba
cuando en los tiempos de Franco.

Pero con ello, el Farrés,
en aquel empeño táctico
fue acumulando prestigio
en la zona del Vallés.

¡Sí, sí!, no perdía el tiempo;
¡¡gran prestigio!! se ganó
entre las parias y parios.

Como Abogado, ¡magnífico!

¡¡Cientos de empresas!!, cerraron;
del Textil, principalmente,
el gran motor del Vallés
de varias generaciones.

Pues él, ¡¡a cientos no!!: ¡¡a miles!!
de obreros fieles y fijos
les arregló el irse al paro.
¡A dar por saco al Inem!

Del Textil, principalmente.

Por eso, cuando llegaron
las primeras elecciones,
-¡elecciones democráticas!-,

triunfó en toda línea el prohombre
que esperando a lo de Alcalde
había aguantado el tipo
haciendo el bien mientras tanto.

Y ya que Franco en el hoyo,
¡¡por fin!!, ¡¡ya!!, el camino franco.

¡Si ya se veía venir!:

¡¡¡comunistas al poder!!!,
y el Farrés, ¡acaudillándolos!

Fue un espectáculo inmenso;
¡lástima!, que aún no "La Cuatro".

Fue un momento apoteósico.

Los barrios de Sabadell
se volcaron en las urnas
por el ¡tan leal! candidato:

"Las Termes", "Ca n'Oriach",
"Pueblo Nuevo", "Campoamor",
"Can Deu", "Torre Romeo",
"La Planada del Pintor...":
¡¡todos, todos!!, a su lado.

Los que más, los presidentes
de asociación de vecinos
por puro altruismo artístico;
si algún piso se arregló,
casualidades, no más,
y porque le habría tocado.

Y él contó con el apoyo
de lo más de las Izquierdas:

con Comisiones Obreras,
el rey de los sindicatos.

Y también con el soporte
del "Gremio de Barrenderos",
del de "Manobras Sobrantes",
del de "Marujas Lampantes",
del de "Brockers Gallináceos",
del de "Feriantes Intrépidos
de la Gran Feria de Abril"
que se hacía allá por Mayo…

¿Y la parva de extremeños?,
¿y la recua de gallegos?,
¿y la piara de andaluces
que le votaron al son…?

¿Y el empuje que le dio
la Comisión de Parados…?

Transmitía ¡¡tanta ilusión!!,
¡¡tanta garra!!, aquel gran prohombre…

¡De calle!, se las llevó;
las elecciones, ¡¡de calle!!
Su espera, pues, no fue en vano.

Y Toni le abría aurora
a un futuro ilusionante
que ¡¡decenios!! esperándolo.

Y él se rodeó de ilustres.

De hombres sabios y preclaros,
-mujeres preclaras, ¡ni una!,
que entonces no las había
como hay hoy; pero sigamos-,

de hombres lumbreras -insisto-
para aquellos puestos clave
en el propio Ayuntamiento,
-donde ya había los de antes,
y, ¡claro está!, se quedaron
porque aquéllos ya eran fijos-,
y él montó con sus audaces
un equipo nuevo y ¡¡amplio!!

Su Primer Teniente Alcalde,
un tipo sensacional,
un prestigioso avispado
forjado en el Vertical:
un tal "Trives": ¡un fenómeno!

Y, de Segundo, otro místico,
¡otro grande!: un tal "Morales",
un albañil recio e insigne
entregado a sabios hábitos
como el de chupar el lápiz,
el que ¡¡siempre!! mascujeándolo.

¡Aunque escribía!, que escribía
tan reconcienzudamente,
que las moscas se dormían;
pero él, a aquéllas, ¡¡ni caso!!

Y ¡¡ni caso!!, a la caterva
que con los dos se metían
tachándolos de enchufados;
que también de ésos había.

Pues el Trives y el Morales,
con él, ¡una pila de años!

Su mano derecha, el uno,
y el otro su mano izquierda.

Dos grandes hombres de Ciencias;
que, de Letras, algo escasos;
pero, vamos, ¡¡grandes hombres!!

Y el muy hacendoso Alcalde
también agregó a equipo
la flor de la militancia
del PSUC, y otros galgazos.

Y tuvo otra habilidad:
concejales, sólo tíos.
Que las mujeres, ya entonces,
no traían más que embolados,
lo he dicho hace un momentito.
Aunque también fichó a alguna
para que no se dijera
que él un machista anticuado.

Pero, lo repito, ¡¡un lince!!,
fichando y enjaretando.

Durante los dos decenios
en que cortó el bacalado
fue trayéndose hacia sí
a los de mayor prestigio
de este pueblo afortunado,
a hombres preclaros y lúcidos,
-y alguna mujer, repito-
pero, ¡eso sí!, no tentados
a disputarle a él su asiento;
que su asiento era sagrado.

Fue, pues, un gran baluarte
en contra de la anarquía
y el pedorreo, y él largaba
al que se movía, ¡¡¡y rápido!!!

Ni siquiera a una tal "Cláusula",
que del Inem provenía,
le consintió veleidades,
y la largó ¡¡¡echando leches!!!,
en cuanto aquélla se puso
a tocarle los de abajo.

Y eso que aquélla era prima
del que era por entonces
Delegado de Trabajo.

Que así eran, y así son,
los comunistas auténticos:
el trabajar…, tiene un pase,
pero lealtad, ¡¡¡estricta!!!;
y allí, pasarse, ¡¡¡ni un gramo!!!

Y sigo:

            Algo trascendente
también él logró alcanzar,
que fue traer a Sabadell
la "paz social" que anhelábamos.

Que este pueblo era filón,
reducto, fuente y reserva
de inactivos esforzados
de las más diversas cuerdas:

rácanos del MCC,
berzas del Bandera Roja,
pintas de la CNT,
folloneros de la Rahola,
ugetistas que empezaban...

Y él se dio cuenta enseguida
de que aquellos elementos

serían un grave problema
si por ahí pululando.

Y entonces desarrolló,
con gran pericia y acierto,
una fina operación,
cual fue, en el Ayuntamiento,
¡¡de inmediato!! incorporarlos,
¡meterlos todos allí!,
¡no iría de quinientos más!

Lo que hicieran, lo de menos,
esto ya lo he dicho antes,
pero ¡¡todos!! controlados.

Y a unos los metió en la Urbana,
a otros en Recaudaciones,
a otros en Mantenimiento,
a otros en el Camposanto...

Un enchufe ¡excepcional!,
el conserje de colegio,
pues buen sueldo y casa gratis
los llevaba aparejados;
y, doblar el lomo, poco.

Aunque éste sí lo otorgaba
con un poco más de tacto:
a conserje se llegaba
tras claros merecimientos.

Por ejemplo, le caería
al que se hubiera esmerado
en mantenerle a distancia
la "Comisión de Parados".

Porque, entonces, ¡¡existía!!,
y¡¡menuda lata!! entonces.

Que hasta que él la reencauzó,
la dichosa "Comisión",
aquí, ¡sí, sí!, en Sabadell,
¡aquí!, ¡en Sabadell!, ¡aquí!,
¡¡siempre dando por el saco!!

Hasta que él la reencauzó.

Con esta ¡¡inteligentísima!!
estrategia que ahora digo,
que puso en marcha y marchando.

Desde un líder del Metal,
-vino a decírmelo a mí
cogiéndose él la nariz,
pues, en el fondo, pudor-,
hasta un cura rebotado,
-éste no se la cogió-,
¡muchos hombres! de aquel tiempo
cumplieron su cometido
con auténtico entusiasmo.

Pues, ¡¡todos!!, tras de pasarse
cinco o seis meses haciendo
que la tosca "Comisión
de Parados" comprendiera
que lo mejor que se fuera
al Inem, eso, a cerrarlo,
y a importunar a los pobres
pringados que allí curraban,

pues, tras los cinco o seis meses
en aquel cargo logístico,
a un colegio, ¡de conserje!,
y el futuro asegurado.

Tan sólo hubo una excepción,
que yo recuerde, en concreto.

¡¡Un hombre!!, que no aceptó
ser conserje de colegio
como premio a liderar
la "Comisión" de que hablo,
pues él creía que engañar
y vender a compañeros
iba incluido en el trato,
y, la verdad, ¡no!, no quiso.

Fue el leal Manolo Zafra.
Vivía en Torre Romeu.
Con familia numerosa.

Ya lo digo: un caso raro.

Y él no lo quiso, ¡no, no!,
él rechazó, por principios,
lo que persiguieron ¡¡tantos!!
Ya digo: por sus manías.

Y se hinchó a pasar fatigas,
y sus propios lo llevaron
a una mala enfermedad…,
pero él no hincó la rodilla,
ni vendió su dignidad
¡¡¡jamás!!! por el dulce enchufe
de una casa y un buen sueldo
que le ponían en la mano.

Ya lo digo: su amor propio
y su honradez trasnochados.

Tras de cruel enfermedad,
murió, por cierto. Olvidado.
Como mueren los humildes:
sin campanas, en silencio.

Aunque fuera comunista,

Dios lo recogió en Su Seno;
a éste sí lo recogió.

Y yo, al hacer esta crónica,
con todo amor lo recuerdo:
Manolo Zafra, ¡¡¡un gran hombre!!!
y un maravilloso ingenuo.

Y un sin igual ser humano.

Pero aquél fue un caso aparte.

Como he venido diciendo,
Toni Farrés se encargó
de ir de la calle quitando
a todos los extremistas
que no hacían más que enredar
con el "movimiento obrero"
en cualquiera de sus líneas.

Y lo consiguió, ¡sí, sí!:
hoy, ¡¡¡todos!!! son funcionarios.

La "paz social" tiene un precio;
y él lo supo ver entonces,
¡menuda intuición tenía
el Toni Farrés!: ¡¡un lince!!

Mas, los años ya pasando,
y en España ya sonaba
como una cosa rarísima
que en Sabadell se perpetuara
aquel Alcalde espigado.

Una gran ciudad de España...,
¿y un comunista aún mandando?

Ya empezó a sonar la alarma.

Y es que, en el fondo, aquí había
madera de hombre de Estado,
y eso se olía a medio metro.

E ilustrar en este aspecto
para mí va a estar ¡chupado!,
pues, ¡miren!, ¡miren qué ejemplo!
se me viene ahora a mano:

Sabadell quería renombre,
y, para ello, obligado
el tener un Corte Inglés,
¿es, o no es?: ¡un Corte Inglés!,
que ¡qué menos!: ¿es, o no es?

¿Y quién podía liderar
una operación como ésa?:
¡pues él!, ¡pues Toni Farrés!

Que enseguida metió mano,
y convenció a unos y a otros
de que era que ¡¡ni pintado!!,
como sitio, "l'Eix Macià",
un barriucho de casuchas
de pobretones autóctonos,
la mitad de ellos parados
y la otra mitad currófugos
que en el progreso del pueblo
no podían ser un obstáculo,

y con determinación,
y exacta aceleración,
como era por el bien público,
¡cuatro perras!, y ¡¡arreando!!

¡¡Gran gestión!!, sin duda alguna,

propia del hombre de Estado
que él tenía en sus entretelas.

Desde entonces, santo y seña
de este pueblo adelantado,
son: el "Parc de Cataluña",
el "Corte Inglés", como digo,
la Cámara de Comercio,
¡los pulcrísimos Juzgados!,
el "Paddock...": ¡¡todos allí!!,
en lo más de Sabadell.

¡De corral de vacas, nada!,
como dicen en Tarrasa
porque allí rabian de envidia;
que éste, un pueblo ya en la cumbre,
que éste, un pueblo en lo más alto.

¡Perdón!, digo: esta ciudad.

Con los dineros de Europa,
que tampoco hay que negarlo.
Bueno, como media España.

¡Pero éste más!
                    Y fue el Toni,
el Toni Farrés, Alcalde,
el autor del gran milagro.

                    ...

Y, en fin; que todo en la vida,
igual que comienza acaba,
y eso incluye a la ilusión,
ya digo, que un sentimiento
no fácil de conservarlo.

Y, en verdad, llegó un momento
en que el éxito asfixiaba
al Alcalde de los pobres.

¡Tanto pobre!, ya, ¡un coñazo!:
las peticiones de enchufe
aumentaban y aumentaban…,
y, el hombre, ya no encontraba
aquí sitio para ¡¡tantos…!!

Animó a los afiliados
del PSUC a que se unieran
e hicieran cooperativas
u otros, de empresas, apaños,
y les dio las obras públicas
y todo el mantenimiento…:

los jardines, las piscinas,
los teatros, los semáforos,
los autobuses…
                    ¡¡Y "a dedo"…!!

¡Pero siempre querían más!

¡Qué desmesurado precio
le había puesto a sus votos
su inmisericorde ejército
de rojos ya anaranjados!

Vamos, que ya, ¡¡hasta las cárcavas!!,
estaba ya, ¡¡¡hasta los huevos!!!
-¡con perdón!- y ya se hartó;
ya se hartó de ser Alcalde
en un pueblo tan lioso,
tan cutre y tan chafardero,
¡joder!, ¡¡hostia…!!, ¡¡¡y tan pesado!!!

Alcalde, ¡y casi de balde!

De modo que, ¡¡¡abur!!!, que ¡¡¡chao!!!,
a los del PSUC y a otros,
y ¡¡¡todos!!!, eso: ¡¡¡a la mierda!!!,
-¡con perdón!- y se largó
al Gabinete Asesor,
creo, de un tal Durán Lérida.

Y ¡¡muy bien!! remunerado,
también se decía, ¡sí, sí!

Dinerito de derechas:
burguesón, nacionalista,
separatista, clasista…,
pero dinerito auténtico,
que ¿quién se lo iba a decir…?

¡¡Auténtico…!!, ¡¡y al contado!!,

¡que bastante hizo el canelo!,

que, el PSUC, ¡¡poco!!, ¡¡y en negro!!,
mientras estuvo de Alcalde.

¡Vamos! que ¡¡ni para el paro!!
le cotizaban: ¡¡¡cabrones!!!,
-¡con perdón!- que el día que fue
a tramitar…, ¡vaya chasco!,
que se llevó, ¡el pobrecillo!
El peor de su carrera.

El día que fue a echar el paro
al Inem…, ¡¡¡como uno más…!!!,

que allí, ni recibimiento
con tambores y cornetas,
por parte del Director,
-¡un malasombra!, un tal Suárez-,

ni salir los funcionarios
a apartarle a los mugrosos
que en la acera amontonados…,

ni darle a él, que ¡qué menos!,
un trato preferencial…:

tuvo que guardar, ¡el pobre!
su turno…, ¡¡y en una cola!!,
¡¡¡y casi una hora y media!!!

Ni conocerle, siquiera,
la funcionaria cretina
-una tal señora Sánchez-
que lo atendió, ¡ni eso, vamos!

Ni recordaba, ¡la histérica!,
que fue él mismo, ¡¡fue él mismito!!,
el que hizo esa Oficina,
la Oficina en la que estaban,
sobre un viejo lavadero
que él le aceptó a un empresario
que no podía mantenerlo.

¿Y él, ahora, ¡¡cola haciendo…!!?,
¿¡¡él…!!?, ¿¡¡el que la inauguró…!!?

¡Pues ni de eso se acordaba!

Pero, en fin; así es la vida;
y hacia quien lo ha dado todo
ése es el frecuente pago.

Que él dio ¡¡tanto!! a unos y a otros…,
¡¡¡tantos!!!, los favores que hizo,
que, en un segundo, olvidados…

Ni obtuvo lealtad de perros,
ni obtuvo amistad de gatos.
La vida es así de injusta,
y es así de inconsecuente.

Pero, bueno, en los políticos,
ése es el juego aceptado.

Sin rencor, pues: ¡¡carretera!!

¡Se largó, sí!, ¡se piró!:
¡¡¡a la caca, comunistas!!!

Y muy bien se reinstaló.

Se decía en los mentideros
políticos, que aspiraba
a llegar a Diputado.

Que por eso se arrimó
a todos aquellos rácanos
de la derecha neurótica.

Pero, en fin, aquí, en mi crónica,
ya serían suposiciones,
y ya no sería una crónica.

Lo que sí sé es que enfermó,
y se truncó su carrera
política. Y la otra.

Que otra vez, aquí, la muerte
llegó ¡tan inoportuna…!

Yo, tan sólo unos apuntes
en mis versos he aportado.

Que habría ¡¡tanto!! que contar…

Pero, en fin, quizá otro día.

Y otro también, o quizás,
a contar me animaré,
también a toro pasado,
cómo van los socialistas
que ahora están en el poder
en el vasto Ayuntamiento.

Y al lado de los que puso,
en su día, el Toni Farrés.
Ya eran dos…, y ahora tres,
las tandas de funcionarios.

Que, ¡hombre…!, yo aún tengo esperanzas.

Si pudiera yo algún día…,
si pudiera un huequecito,
un humilde puestecito
en algún sobrio despacho…,

Aunque, claro, el requisito
ése, de que hay que tener
destreza chupando el lápiz
y arte mascujeándolo…,
como la tenía el Morales…,
que ése creo que aún lo mantienen…,

y la verborrea del Trives…,

y el Catalán "Nivel C"
como lo tenía el Montilla…,

y las tragaderas amplias,
y las frustraciones claras,
y las ilusiones mínimas,
y la "tarjeta" de años…

Si hay que tener todo eso,
se me hace ¡tan cuesta arriba…!

¡¡Muy duro!!

¡No sé, no sé!

No sé si yo aquí algún día
mi sueño podré alcanzarlo.

Masuriel

4

El Sr. Ramón Baglietto, que en paz descanse, le
había salvado la vida a un niño vasco hacía
bastantes años, y aquel niño, ¡qué agradecido!,
cuando ya ¿hombre?, le quitó a él la suya -la vida-,
en uno de los ¡¡¡tantos!!! "actos patrióticos"
llevados a cabo por la Eta.

Pues a los escasos diez años, el asesino del
señor Baglietto, en la calle. Y al asesino no se le
ocurrió otra idea mejor que la de montarse un
negocio en los bajos del edificio en el que vivía
-y vive aún, por cierto- la viuda del señor Baglietto,
Doña Pilar Elías.

¡ACOSADORA!

Pero..., ¿tú qué dices, chico...?,
¿qué dices tú, ¡zurulloso...!?,
¿no ves que ese ¡pobre hombre!
lo está pasando fatal...?,

¿no ves la cara de odio
con que lo mira esa vieja...?:
¡si lo tiene acobardado,
si lo va, con sus miradas,
al pobre, a achicharrar...!

¡Si ese infeliz va a ringarse!:
¿habrá que ayudarle al pobre,
al ese ¡pobre infeliz!,
habrá que echarle una mano...?,
¿no ves qué cara de pena...?

¿Y tú la razón a ella?,
¿tú aún más le vas a agraviar…?

¡Que él no se chulea de nadie!
cuando anda así por su pueblo
como el "John Waine" patizambo:
¡que es su manera de andar...!

Ni es que él quiera vacilarle
comprándose ese local
de los bajos, donde vive
esa señora perversa...

¡Vamos!, sólo faltaría
que él tuviera que excusarse
por sus andares de chulo,
o por ponerse una tienda:
¡ahí podíamos llegar!

¡Si se va a volver tarumbo…!,

Vamos, esto es ¡indignante!

¡El pobre!, con cuatro duros,
para montarse un negocio
y en él ganarse él la vida,
se había apañado un local,

y va y se encuentra, ¡de pronto!,
con una viuda histérica
que le afea y le recrimina
que él matara a su marido…

"¡Señora…!, ¿y yo qué sabía
que a usted, señora, el luto
iba a sentarle fatal?".

Le diría, ¡el pobre!, ¡seguro!,
si esa mujer lo dejara,
¡al pobre!, siquiera, hablar.

¡¡Qué atropello!!, ¡¡qué injusticia!!,
¿dónde irá a parar todo esto,
si no se corta de raíz
este odio visceral?:
¡¡si es que esta España es un asco!!

Este espléndido "chaval",
como el Arzalluz diría,
en la celda dura y lóbrega,
¡¡¡diez años!!!, que se ha pasado
por un simple asesinato.
Y alguien, que es poco, aún dirá.

Pues a otros…, por ochenta…,
-asesinatos, ¡sí, sí!-,
quince añitos, ¡y a la calle…!

¡Y esto es discriminación,
hombre!, ¡ya está bien de rollos,
y ya está bien de apretar!,
¡que esto ya es igual que en Bélgica!,
¡que esto ya es intolerable!,
¡que esto ya es un cachondeo,
puro y simple!, ¡¡hombre ya…!!,
¡que esto ya no hay quien lo aguante!

Pues, ¡que no le pase nada!,
a ese ¡pobre desdichado!

Si está en el punto de mira
-en sentido figurado-
de esa violenta señora
¡¡tan perturbada!! y ¡¡tan terca!!
que ahora con él la ha tomado...,
¡¡que no le llegue a pasar!!

Yo a él le aconsejaría,
mejor, que agarre y se vaya;
mejor, que deje el local,
y lo invierta en otro género.

Que, igual, cualquier día, los huérfanos,
ésos ¡¡resentidos malos!!,
igual cualquier día, ¡encima!,
lo agarran en el rellano,
¡¡y un saco de hostias le dan!!

La justicia por su mano,
que hasta a eso aquí se llega.

¡Qué país, Señor, qué país!

Y, ¿la culpa?: ¡¡¡del Aznar!!!

Masuriel

5

Y lo que sigue es una especie de acertijo en broma, que va en recuerdo y homenaje de un señor que estuvo muchos años ejerciendo cargos políticos cuando Franco (q.e.p.d.) y después de Franco (q.e.p.d.).

El último cargo en una entrañable Región de España.
Cuando aún se llamaban Regiones.
En la esquina Noroeste.

Aquélla en la que llovía mucho, por cierto, y que ya no llueve tanto, por cierto.

¡Y no doy más pistas!

ADIVINA ADIVINANZA.

¡Pues, hombre…! pues yo diría
que ni de conservador
ni de progresista, entero.

No me gusta el encasille
ni la polarización.

Yo soy…, pues eso…, pues esto:

"Conservador", como dicen:
facha, rico, intolerante,
autoritario, mandón…

"Progresista", como dicen:
humilde, juicioso, pobre,
limpio, noble, con talante…

Rasgos de los dos, ¡bastantes!,
¡seguro!, que, ¿por qué no?:
rasgos de unos y otros tengo.

Aunque si he de retratarme,
más de lo segundo, ¡es cierto!

Y ¡nada que ver!, los años;
no creo que por ser tan viejo.

Lo que afirmo sin escrúpulos,
es que, ¡¡sí!!, yo, un porte cauto,
yo no confío ¡¡ni en mi padre!!,
y que ¡¡sí!!, yo, un porte escéptico.

Y esto sí que es por los años.

Y por cojo, ¡qué fastidio!

Y, ¡sí!, quizás por gallego.

¡Con lo que trepé de joven…!,
¡la mozas que me corrí...!

¡Pues sí, pues sí!, ¡creo que sí!;
creo que más de "progresista".

Aunque, a fuer de ser sincero,
reconozco que ahora mismo
estoy siendo un poco carca.

Mientras que haciendo estas cabalas
en un autocar, -¡¡que gratis!!-,
con otra pila de viejos.

Vamos a ver unas ruinas
de un pueblo, ¡¡en la quinta leche!!

De gañote: ¡¡natural!!

Un viaje del Inserso.

Como ya estoy jubilado…,
pues eso: matando el tiempo.

¡Bastante he currado ya!

En la Democracia espléndida,
y en la Dictadura aciaga.

¡Miren!, rima con mi nombre,
¡carallo!, que qué ocurrencia.

Lo de "aciaga", me refiero.

Y también rima con "plaga".

Y con "paga", y con "saga",
y con "traga", y con "braga",
"Gurruchaga", "Leidi Gaga…".

¡Mi nombre, no!: mi apellido,
el primero, en concreto.

¿Qué: sería usted capaz
de decir ahora quién soy?

¡Adivinanzas y todo!,
que es que yo soy de un versátil…

Soy de un listo…, ¡¡que te cagas!!

Bueno, lo retiro esto.

Masuriel

6

" Cuando en la Comandancia de la Guardia Civil de Pontevedra tuvieron conocimiento de que sus colegas de la Policía estaban tras la pista de una banda de atracadores, no podían imaginar que horas, quizá minutos después, un compañero caería sin vida abatido por dichos delincuentes.

...una banda de peligrosos criminales, con un sinfín de delitos a sus espaldas...

...**José Vilar Casal**..., cuenta con un amplio expediente delictivo coronado por un asesinato cometido el 26 de enero de 1997. Antes, había ido acumulando robos con intimidación, robos con fuerza en las cosas, allanamiento de morada y falsificación de matrículas, entre otros delitos, en su historial. En varias ocasiones estuvo en busca y captura, una de ellas por quebrantamiento de condena. Este vigués de 41 años, que se encuentra en el hospital pontevedrés de Montecelo, cuenta ahora con otro asesinato a sus espaldas.

El delincuente..., junto a **José Ángel Martins Mendoza**, perforó un butrón desde el solar aledaño a la sucursal de Caixa Galicia de La Cañiza para entrar en la entidad, esperar al director y exigirle el dinero.

(José Ángel) Martins Mendoza, alias 'El Peque', de 35 años, nacido en La Coruña y con un largo historial delictivo, logró huir a pie tras el tiroteo con los agentes de la Guardia Civil, pero fue capturado esa misma tarde... Delitos contra la autoridad, tenencia ilícita de armas, robo con fuerza, robo con violencia... Los antecedentes de 'El Peque' son muchos y variados y, en su mayor parte, coinciden con los de su hermano mayor, Luis Ramiro, aunque éste último gana, con mucho, a José Ángel, pues cuenta con docenas de detenciones en su expediente por delitos como allanamiento de morada, tráfico de drogas y otros similares a los de su hermano...".

("La Razón", 19/08/2010)

ASESINATO EN "LA CAÑIZA".

Ya sé que lo que ahora mismo
voy a decir, o a opinar,
me va a traer ciertas críticas
de unos ciertos individuos:

que si yo una inclinación
violenta e inadmisible…,
que si yo un cacho salvaje…,
que si yo un desaborido…

Yo sé que todo esto, ahora,
tras de oír lo que ¡ahora mismo!
voy a decir, o a opinar,
algún lelo va a decírmelo.

Pero diré lo que quiero,
¡faltaría más!, ¡¡y hasta el fin!!

Y daré mi nombre luego;
que no tengo inconveniente
en decir aquí quién soy:
mi nombre y mi apellido.

Ya me conoce el que era
que no voy de margarino,
y yo, de rilado, ¡¡¡nada!!!
Y si hay que mandar, ¡¡se manda!!
Miren, si no, en "Perejil".

Y, hoy, sobre un hecho hostil
quiero hacer mi apunte crítico.

Sobre lo que ha sucedido
el martes en "La Cañiza",
provincia de Pontevedra.

El diecisiete de Agosto
del Dos mil diez: sobre eso.

Lo que se ha llevado a efecto
cuando, estando de servicio
dos de la Guardia Civil
acudían a una señal
de alarma, ya que en un banco
había unos atracadores
¡atracando! a morro limpio,

y cuando llegan al sitio
la pareja -Guardia y Cabo-,
son recibidos a tiros,
y a uno de los dos, al Guardia,
le administran cinco, ¡¡cinco!!,
y ello le causa la muerte,
y al otro, al Cabo, otro igual,
aunque no mortal, de inicio.

Eso, los atracadores,
que armados hasta los dientes
y, ellos, tirando a matar.

Y esto es lo que ha acontecido.

Las noticias por las teles
y las radios y los diarios,
desde el martes diecisiete
todo el día bombardeándonos
con el suceso agresivo.

Todo lujo de detalles:
la hora, el tiempo, el lugar,
el nombre del Guardia víctima
de los mortales disparos
y el del gravemente herido...

Y los nombres y los datos
de los que decían "presuntos",
dos asesinos bragados
desde tiempo, y famosísimos...

Y, el cabecilla, por cierto,
el **José Vilar Casal**,
un fulano muy violento
que acababa de salir
de la cárcel -¡¡lo normal!!,
con lo de las "redenciones"-,
y nada más que salir,
pues, lo primero: ¡atracar!,
o sea, lo propio y previsto.

Y lo cogen, ¡que lo cogen!,
después de hecho lo que hizo,
otros Guardias, ¡sí, lo cogen!

Y se ve cómo lo sacan
esposado y detenido.

Y aquí es cuando a mi me da
el arrebato, y ¡lo siento!,
y aquí cuando ya a ponerme
de un histérico subido.

Ya he empezado diciendo
que a muchos va a incomodar
lo que pienso y lo que digo,
y van a llamarme cafre,
y ciudadano no digno
del régimen democrático
que hoy encumbra nuestras vidas...,
¡pero me importa un pimiento!,
¡pero me importa un comino!:
yo, ahora, lo suelto ¡¡o reviento!!

Cuando empiezo yo a echar pestes
y a liberar mis instintos,
al ver la cruda noticia
y al ver las crudas imágenes,
que en primer plano se han visto.

Cuando empiezo a verlo eso,
yo empiezo, no a ya acordarme
de la madre y de los muertos
del maldito, o los malditos,
-¡que también!-, no: en otra cosa.

Lo primero es ¡maldecir!
ahora a los Guardias Civiles,
los presuntos "compañeros"
del Guardia que malherido
y del Guardia asesinado:
¡a esos Guardias Civiles!

Los que a ése han detenido,
al que ¡otra vez!, sin dudarlo,
se ha cargado a otra persona;
-que el otro ha logrado huir-,
a esos Guardias de refuerzo,
a ésos les he dirigido
los insultos que a mi boca
como un volcán se han venido:
¡a los Guardias, sí, a los Guardias!

A los Guardias que lo cogen
al atracador violento
como si nada de nada
allí hubiera sucedido…,

y lo sacan por su pie
andando ¡tan ricamente…!,

y, en su cara…, ¡¡ni un rasguño…!!

La cara del asesino.

Que, las de los Guardias, eso:
muy serias y circunspectas;
como de satisfacción
por lo del "deber cumplido".

Que, ¡¡seguro!!, el Rubalcaba,
¡seguro!, que una llamada
les hará en breve al cuartel,
y tendrá algún detallito
como premio al acto heroico.

El de los Guardias Civiles
que han pillado al asesino
de su compañero Guardia,
y ha mandado al hospital
a otro compañero Guardia.

Pues lo sacan, lo repito,
agarrado y esposado…,
pero andando él por su pie,
pues que levemente herido,
de algún tropezón o algo.

Y muchos, haciendo fotos;
las que después hemos visto.

Y yo, en ese momento,
vuelvo otra vez a decirlo,
me he puesto a sacar de mi alma
un aluvión de improperios
y de soeces epítetos…,

no contra los dos maleantes,
¡no, no, no!: ¡¡contra los Guardias!!
que pretendían presentársenos
como audaces y valientes…

Me he puesto a cagarme en ellos,
-¡perdón!-, y ¡tan cabreado…!,

que hasta mi mujer, ¡la pobre!,
con todo tiento me ha dicho:

"Anda, 'Chiqui', cálmate, hombre…,
no se te vaya a poner
la tensión a treinta-quince,
que eso es muy malo, cariño…".

Y, sí, me he calmado un poco,
pues ella tenía razón
esta vez: ¡tenía razón!

Y no sería justo ahostiarla
esta vez: ¡tenía razón!,
y, sí, me he calmado un poco.

Pero tres días después,
cuando me pongo a escribir
el comentario presente,
aunque ya en calma y en frío,
ahora no puedo evitar
el dar mi valoración
ética y profesional,
y, ahora, opinando lo mismo,
¡lo que siempre he opinado!

Opinado, y puesto en práctica
cuando de mí ha dependido.

Y como opinar se puede
todavía, ¡pues opino!:
me pareció ¡¡indignante!!,
me pareció ¡¡humillante!!,
me pareció ¡¡vergonzante!!,

me pareció ¡¡vomitivo!!
que, después de haber matado
a un noble Guardia Civil,
y haber malherido a otro,
dos militares de base,
los dos ¡pobres infelices!
que se buscaban la vida
cumpliendo su obligación
de ayudar a los demás,

después de haberlo matado
y de haberlo malherido
de forma ¡tan miserable!,

¡después de haberlo hecho eso…!,

aún lo sacaran… ¡¡entero!!

al maldito malnacido,
al fiera vocacional,
al reincidente perpetuo
que ha hecho eso con dos Guardias.

Lo sacaran ¡¡por su pie!!,
en vez de hacerlo ¡¡arrastrándolo!!,
y con ¡¡treinta y cinco tiros!!
en la cabeza, y ¡¡cuarenta!!
del cuello abajo, ¡¡o cincuenta!!

Y así sacarlo a la calle:
como un pingajo: ¡¡arrastrándolo!!

Y así, hacerle las fotitos,
y grabarlo con los móviles.

Y así ponerlo en las teles,
de mañana, tarde y noche.

Y, de paso, a los valientes
que ¡¡sí!! habrían acudido
en defensa de la Ley
y sus buenos compañeros.

Pues como así no ocurrió,
pues como así no ha ocurrido,
pues como así no ha acabado,
pues como así no acabó,
pues no lo entiendo, ¡y lo digo!

Y expreso mi repulsión
¡ahora!, ¡y aquí!, ¡y sin cortarme!,
y consciente de que algunos
van a tratarme de cafre
y de bruto vengativo.

¡Pero me importa un carajo!,
digo otra vez, y repito.

¡Yo!, ¡ahora!, ¡aquí!, mi opinión
sin rodeos y sin remilgos;
que yo no soy un hipócrita,
ni yo cómplice de nadie.

Y esto, lo que aquí se ha visto,
esto, otro acto ¡¡¡cobarde!!!
por parte de unos ¡¡¡cobardes!!!

Hoy, unos Guardias Civiles.

¡¡Setenta tiros!!, a ése
que ha matado a un compañero
y que a otro a malherido:

¡¡setenta tiros!! a ése,
tendrían que haberle pegado,
¡¡y se acabó un malnacido!!

Y después, a su compinche,
por la tarde: ¡¡otros setenta!!,
cuando lo trincan huyendo,
¡¡y al hoyo otro malnacido!!

Esto, ¡hoy!, la Guardia Civil.

Lo que tenía que haber hecho.
En este caso en concreto.

¡Y otros!, cuando a ellos les toque.

Copiarlo, y hacer lo mismo:
la Policía, los "Mossos",
los Guardias Municipales,
los "Hertzianas…": eso, ¡¡¡todos!!!

¡Para eso, la Autoridad!,
¡todos y cada uno de ellos!,
¡para eso llevan las armas!

Y en estos tiempos difíciles
en que todo pervertido,
los hombres y las mujeres
que representan la Ley,
que representan el orden,
que representan la paz,
echar mano de su orgullo
y defenderse es ¡¡lo mínimo!!

Por lo menos, defenderse.

Echarle eso: ¡¡¡arrestos!!!,
y actuar como es debido.

En nombre de la Justicia,
y del Honor, y de la Ética.

No lo que mandan los Jueces,
y no lo que los políticos;
¡ésos que no dan la cara!,
todos esos arribistas
que sólo quieren borregos
a los que manipular.

Pues todos esos ¡¡podridos!!,
ésos: ¡¡a la mierda todos!!

¡Que sus leyes se las metan
por donde amarga el pepino!

Que, lo suyo, ¡hacer cobardes!
que ni piensen, ni discutan,
ni tengan, siquiera, instintos.

Y, de hacer justicia, ¡¡nada!!

Lo de atajar la violencia
con ejemplar contundencia,
¡¡totalmente prohibido!!

Ellos, lo de aleccionar
y ser contundentes, ¡¡nada!!

Ni ante lo más evidente,
ni ante lo más repugnante,
ni ante lo más degradante,
ni ante lo más infamante,
como era el caso descrito,
ésos, de justicia, ¡¡nada!!

Los Jueces y los políticos.

Y son ya ¡¡tantos y tantos!!,
hoy día son ¡¡tantos y tantos!!,
los Jueces y los políticos…

¡En este estercolero…!

¡En fin!, ¡pues ya está!, aquí quedan
mi sentir y mi opinión
sin doblez y sin complejos.

Y yo firmo lo que escribo.

¡Dicho está!, ¡¡y con dos cojones!!

Que yo no voy a achantarme
ni a serlo un caguetillo,
yo, eso, ¡¡¡nunca!!!, ¡¡¡jamás!!!

Bueno…, sí…, y por discreción,
mejor, donde dije "Aznar",
mejor cambiar por "Acnar",
para que quede en anónimo.

Y yo, también con pseudónimo;
mejor:

Pederico Prillo

Masuriel

7

No me cansaré de decirlo, y ya se está viendo:
cada vez que me pongo a recordar algún episodio
de la vida de algún personaje contemporáneo,
la verdad, acabo emocionándome.

Pero, en fin, como siempre acabo diciendo:
es mi sagrado deber.

Pues eso: aquí va otra anécdota auténtica, veraz,
verídica y verdadera. Y ésta, menos triste.
Para tratar de relajar un poquito.

Y ésta se la voy a dedicar a mi queridísima y
guapísima compañera de trabajo y amiga
Maricarmen Garnica. ¡Con toda la alegría!
Y como mi humilde aporte para celebrar el
maravilloso renacimiento de su entrañable hijita.

"BERTÍN EL ARRIMAOR".

Se había puesto aquella madre
a hacer potaje de acelgas…:

-    ¡Vaya, hombre..!: ¡no tengo sal!,
     no había caído en la cuenta…

     ¡¡Bertín!!, ¡ven aquí un momento…!

Llama a su hijo Bertín,
un chaval de trece años
que ya muy interesado
en estudiar… los salientes
de la anatomía externa
de las chicas y todo eso,
y que estaba, en ese instante,
-llevaba media mañana-,
mirando por la ventana
a todas las que pasaban,
e imaginándose en trances
de goce con todas ellas.

     Bertín, ¡anda, ven!, cariño:
     ¡toma! -y le da veinte céntimos-,
     y baja ahora a la tienda,
     y tráeme un cuarto de kilo
     de sal -que en aquellos tiempos
     la sal se vendía a granel-,
     pues me he quedado sin sal…

     ¡Anda!, Bertín, ve, chiquito.

     Pero pide: "sal menuda",
     que es bastante más diurética.

Y Bertín, sin protestar,
coge el dinero y la cesta,
y va a por lo que le han dicho.

Y llega, ¡claro!, a la tienda.

- ¡Hola, guapo!, di: ¿qué quieres?

Le pregunta la tendera,
una mujer metidita
en carnes, pero ¡¡en su punto!!,
de unos, como mucho, treinta…,
labios carnosos…, melena
recogida y bien peinada…,
el culito respingón…,
¡¡se le salían!! las tetitas…,
los pies, como era en Agosto,
en unas chanclas abiertas,
muy blanquitos y limpitos
con sus uñitas pintaditas…!

- Pues quiero un cuarto de kilo
  de sal menuda.

Le dice.

Y la señora tendera
agarra un cartuchito
limpio de papel de estraza,
-que era en donde se ponía
la sal en aquella época-,

pues coge eso, un cartuchito
y la pequeña paleta
para ponérsela dentro,
y se va al saco de sal…,
que estaba casi acabándose…,
y estaba un poquito incómodo

de llegar…, allí en el fondo…,
y la señora se dobla
sobre su cintura prieta,
dándole la espalda al chico…

- Señora…,

Le dice éste,
en un arranque imprevisto
que rayano en la insolencia-

¡me la está poniendo gorda!

- ¿Gorda?: ¡no!, ¡mira!, es menuda.

Le contesta ella, girándose
levemente.

¿Ves?: menuda.

- ¿Menuda dice, señora…?:

¡¡¡menuda está usted poniéndomela!!!

…

¡Ya lo sé!: no era normal
ni propio en aquellos tiempos
que un chaval de trece años
ese descaro tuviera,
ya lo sé, no era normal.

Que por una cosa así
podían meterte interno

en un correccional público
o hasta en un Seminario
de Curas, que había ¡a docenas!

Pero aquel chaval no era
uno del montón, ¡no, no!,
ya lo digo yo: ¡era un pinta!
Por eso hizo lo que hizo.

Y tuvo muchos problemas,
con los años, por sus ansias
de andar siempre por ahí
buscando mozas a quienes
hurgarles entre las piernas:
¡¡no ganaba para "fantas"!!,
invitando a unas y a otras;
prácticamente en la ruina
se vio, por su obseso instinto.

"Bertín el Arrimaor",
como acabaron poniéndole.

En Andalucía, donde era.

"Bertín el Arrimaor".

Por lo de que ¡¡¡siempre!!! en ristre,
¡¡y a punto!!, la "cebolleta".

Que luego se hizo cantante,
cuando ya se hizo mayor
-no de sesos: de estatura-,
y empezó a comer panceta...,

y fue un fiero defensor
del paté de berenjenas
y del potpurrí de arándanos...,

y fue un genial silbador
de tangos en bici eléctrica…,

y cantó coplas del Dioni,
y del Bisbal, y del Lucho,
¡y del Mariano Mariano…!,

y aprendió a bailar "La Yenka…".

Y ya, por fin, se casó…,
y tuvo luego unas hijas
que, ¡¡bueno!!, ¡¡la mar, de majas…!!,
que ¡¡hay que ver lo que es la vida…!!,
¡y luego se separó…!,

y lo echaron del País
-el periódico- diciendo
que es que era un jeta de Izquierdas…,

y empezó a perder la cuenta
desde cuándo no mojaba…,

y ya en fase de preobeso
y a dieta de requesón…,

y conoció al Juez Garzón,
y conoció al Irureta
y a otro que no hizo la Mili…

Y empezó una colección
de palos de piruletas
y de "chupa-chups" elásticos…,

y otra de radios de lámparas,
y otra de calvos "suajilis…",

y aprendió a ir en patinetas
con las ruedas de cartón…

En fin; una historia larga,
muy, muy, muy, muy, muy, ¡muy larga!;
muy larga, y muy completa.

Que ya contaré otro día
en que disponga de tiempo
y papel a mogollón.

Que eso necesita tiempo.

Y hasta le haré otra viñeta.

Masuriel

8

En alguna ocasión, y en alguno de mis libros
anteriores, ya he relatado algunos gratos
recuerdos de aquellos años Ochenta, cuando
don Luis del Olmo capitaneaba el programa de
radio: *"Debate sobre el Estado de la Nación"*,
con el genial Don Luis Sánchez Polac -"Tip"-,
(q.e.p.d.), Don Alfonso Ussía,
Don "Chumi-Chúmez", (q.e.p.d.)
Don José Luis Coll…, (q.e.p.d)

Que ¡qué tiempos, aquéllos!

Pero, en fin, ¡así es la vida!

Pues hoy me permito hacerle una pequeña broma
y mi dedicatoria a don Luis del Olmo,
su entonces presentador,
por cómo yo me imaginaba que él era.

Con mi sincero agradecimiento por los ¡tantos!
ratos agradables que me hizo pasar, ya digo.

BROMAS, LAS JUSTAS, CON DON LUIS.

Se había hecho la reserva
él mismo, por la Internet,
y eso que era en los inicios.

¡Sí!, un modesto hotelito…,
pero, bueno, él pensó
que siéndolo ya ¡tan viejo!
-el hotel-, y por el nombre,
debía de ser tranquilito,
relajadito, limpito,
acogedor… Por su nombre.

Que era el "Hotel Paraíso".

Y él, pues se lo imaginaba
como el del Adán y Eva
antes que la bicha mala
la tal manzana dichosa
le diera a Adán con su hocico.
Así él se lo imaginó.

Y en el tal se presentó,
y en el tal se alojó...

E iban a ser siete días,
o sea, una semanita
de relax y esfuerzo mínimo.

Pero el chasco fue de aúpa:

la habitación pequeñísima,
la cama como las piedras,
la comida ¡ni los perros!,
el aseo compartido…

Total, que aguantó tres días,
pues ya, el hombre, ya al tercero,
se hizo otra vez la maleta
y echó escaleras abajo
-que el ascensor hecho cisco-,
y se llegó a Recepción
con el semblante muy serio,
y le dice al Director,
por quien pidió, antes de irse:

-   Perdone: vengo a decirle
    a usted, con todo respeto,

    -a pesar de estar cabreado,
    hablando como él solía,
    pues que un hombre educadísimo-

    que he decidido marcharme
    porque me han decepcionado;
    pero antes querría hacerle
    a usted una sugerencia.

-   ¿Una sugerencia?, ¿y cuál?,

    -le corta con aire cínico
    el Director del hotel-:

    ¿que la habitación pequeña,
    y que la cama muy dura,
    y que la comida mala,
    y que el váter compartido…?

-   ¡No es eso, no, no!, ¡no es eso!
    -don Luis contesta con calma-,
    ya sé que eso se lo han dicho
    muchos más antes que yo;
    mi sugerencia es más simple:

¡¡¡Que haga usted el favor…!!!,

-y aquí se echó hacia delante,
y, si el otro no da un salto,
lo coge por el pescuezo
y le patea los hígados-,

¡¡¡que haga usted el favor!!!
de cambiarle el nombrecito
a su hotel, ¿¡me entiende, o no!?

Que, si no, ¡les meto fuego
a usted y a él!, ¡¡¡ahora mismo!!!

…

Que don Luis era flemático,
arrullador, hablador,
reconciliador, pacífico…,

ya ven: se hizo del PSOE,
con el Felipe ¡amiguísimos!,
y, el Zetapé, ¡como hermanos…!,

pero como lo engañaran,
se ponía ¡¡de un cabreo…!!

¡Que lo decía!, ¡¡y lo hacía!!,
¡¡que tenía un geniecito…!!

Pues el tío se acojonó,
el Director del hotel,
y le cambió el nombrecito.

O sea, que si va a Mahón
no lo busque, ¡ya no existe!
el tal "Hotel Paraíso".

¡No, no!, no lo busque usted.

Y es gracias a don Luis,
¡sí!, a aquel gran locutor
que ¡tanto! reír nos hizo
con sus famosos "Debates
sobre el estado de la Nación",
aquel don Luis, ¡sí, sí!, aquél.

Que ¡hay que ver lo que los años
hacen con las criaturitas!,
¡hay que ver!

Bueno, los años…

Bueno: los años, y el roce
con cierta clase de amigos.

Masuriel

9

Y esto sucedió en una de esas galas que hacen las teles para los finales de año.

Ésta, concretamente, la del Dos mil ocho.

Y yo, un espectador más.

"CHURU-CHURU-CHUCHURU...".

No lo había oído hasta entonces.

El veintiocho de Diciembre,
creo que fue; o veintinueve.

El veintiocho, mejor;
por lo de los inocentes.

En "La Primera", ¡es lo lógico!,
el gran pesebre mediático
por lo que hace a las teles.

Pues allí salió cantando,
entre otros cantantes progres,
la Rosario: "Rosariyo",
la "Rosariyo" de siempre,
la hija de Lola Flores,
la inolvidable "Faraona".

La pequeña.

       Ya hacía tiempo
que yo no la oía cantar.

No sé si porque ya escucho
ya ¡muy poquito! la radio,
o porque ya está perdiéndose.

Como a su hermana tampoco,
la otra chatita: "Lolita".

Desde que murió la madre,
se han quedado ¡tan solitas...!,

¡Pues eso!: la oí cantar;
¡pues eso!: la vi cantar
aquel día concretamente.

A Rosario, o "Rosariyo".

Haciendo un tema muy lindo
que compuso Antonio Flores,
aquel infeliz su hermano,
aquel infeliz muchacho
que al mes de morir su madre
se fue, buscándola a ella,
derretido por la fiebre.

Que, se ve -se dice eso-,
que era tal la dependencia
de su madre, de aquel ¡pobre!
que iba siempre pasadito,
que no pudo superar
aquel horroroso trauma
de la familia: ¡qué fuerte!

Pues sí; se ve que este año
le ha dado a la "Rosariyo"
por acordarse de él,
y ha hecho ella "su versión"
del "No dudaría" famoso,
que hizo su hermano hace tiempo,
y que se hizo tan célebre.

Bueno, éste, el que escuché;
que igual también canta otros.

Éste el que yo le escuché.

Y, ¡a ver!, yo no soy un crítico
tipo "Martirio" o "Falete",

pero, la verdad, a mí…
me daba la sensación
de que "Rosariyo" estaba
siendo un poquito soez
y un poquito irreverente.

Que, bueno, la introducción
y el cuerpo de la canción…,
¡vale!, ¡bueno!, pues… ¡pasables!,

pero al ponerse ya ella
a cantar el estribillo…,
el "churu-churu-chuchuru…",

ponerse, ¡ella!, a dar saltos…,
como el chocho de una liebre…,
y a hacer el tonto…, ¡pues eso!:
a mí, la verdad, a mí
me gustó menos que nada.

Que quedaba burdo, basto,
patético y deprimente.

Quedaba ordinaria, torpe,
chabacana y repelente.

La "Rosariyo", ¡sí, sí!;
para mí, ¡sí!, para mí.

Que eso no era fuerza, garra,
poderío, temperamento…:

era ¡¡pura ordinariez!!

Dicho con todo el respeto
y la calma que se debe.

Para mí, aquello, ¡¡una caca!!

Que a una letra ¡tan bonita!,
y a una balada ¡tan dulce!,
ninguna justicia haciéndole.

A una canción entrañable
que compuso un buen muchacho,
un pobre desorientado
al que Dios le dio un talento
y una sensibilidad
que emocionaba a la gente.

Porque, al fin, Dios es así
de Veleta y Caprichoso:
con su "Antoñito", ¡excelente!,
pero con ellas…, muy poco.

Bueno, poco…: ¡casi nada!

Pero, en fin, Dios es así
de Veleta y Caprichoso,
y así hemos de quererLE.

Y también Dios es muy Bueno,
y le sabrá perdonar
a "Rosariyo" el escarnio
con esa canción hermosa
que un día compuso su hermano.

Que, ¡la pobre!, ¿qué va a hacerle?:

"Churo-churu-chuchuru…".

¡¡Y venga zapatillazos!!,
¡¡y venga saltos patéticos!!,

Lo que por Música entiende.

Lo que ella.

        ¡¡Que a años luz!!,
de lo que entendía su hermano.
Que en Su Gloria Dios lo tiene.

Como va a tenerme a mí,
cuando Él a mí me recoja;
cuando recoja a este artista
del verso fluido y plácido.

Otro de Sus Caprichitos,
le pese a quien le pese.

Masuriel

10

Pues, ¡anda, que la que se lió! con la chavala aquélla que se empeñaba en estar en cuarto de la ESO en el Instituto de Pozuelo de Alarcón con el velo islámico encasquetado a todas horas…

¡Aquélla sí que estuvo en la cumbre!

CON VELO EN EL "INSTI".

¡A ver!: empiezo diciendo
que yo, el padre de la niña.
De la **Najwa Malha**, ¡sí!,
¡ésa, sí!, la de Pozuelo,
¡la del velo a todas horas!;
o el "hiyab", que es lo correcto.

Y, ¡a ver!, si no es por el trapo,
y, ¡a ver!, si no es por el velo,
¿que cuándo os vais a enterar
los detractores autóctonos
y aquéllos que os la cogéis
con papelín de fumar
que el lío no es por el velo?

Si a mí que lleve ese velo
mi niña no me preocupa,
pues es como si otra un gorro
o un poncho o un cinturón
de corte ancho o estrecho.

A mí lo que me preocupa
y lo que me pone tenso
es los prejuicios que hacéis
por lo que haya detrás
de que se lleve ese velo,
de que mi niña con velo.

Que decís alegremente
que detrás hay fanatismo
y machismo y fascismo…,
y detrás no hay ¡nada! de eso.

Ni es idea de esclavitud
para contra el débil sexo.

Ni es de discriminación,
ni lo es de sometimiento.

Que el que nuestras hembras vayan
siempre un pasito detrás
de su hombre, por ejemplo,
no imposición: ¡pura anécdota!

Porque su andar es ¡tan lento…!,
son ¡tan flojas!, son ¡tan torpes…!

Pero, de intención, ¡ninguna!,
de hacérnoslas ir detrás
como acto de sumisión
al macho, y de respeto.

Ni cargadas como burras.
Que eso es porque no se fían,
por si algo les rompemos.

Y lo de que ellas a un cuarto
y los hombres a otro cuarto,
de dominación sexista
¡tampoco! un maligno gesto:

un detalle de atención
el que con ellas tenemos,
porque a ellas lo que les pirra
es andarse entre ellas
criticando y malmetiendo.

Y lo de que ellas no salgan,
y lo de que ellas no fumen,
y lo de que ellas no voten,
y lo de que ellas no hablen
ni administren el dinero…,
-el poquito que en las casas-,

y lo de que si una se abre
de patas a lo ligero
con uno que no su amo,
a ésa, ¡la lapidación…!,

¡a ver!, sacar esas cosas,
contra nosotros, los árabes…,
sacar esos argumentos…
para, al final, acusarnos
de poco menos que cafres
por estos puntuales hechos…,
la verdad, es ¡muy injusto!

¡Muy injusto! y ¡muy perverso!

Si aquí, en España, y en Francia,
y en Alemania, y en Bélgica,
y en Inglaterra…, queremos
eso, que ¡bien tapaditas!
desde niñas, nuestras hembras,

pues es porque eso es lo propio
y es porque eso es lo justo,
y a mí me parece a mí
un poquito exagerado
querer prohibírnoslo eso.

Y acusarnos a nosotros,
¡¡a nosotros!!, ¡¡a los árabes!!,
de opresores y agresores,
¡un sinsentido maléfico!

Y llamarnos "moros", ¡vamos!,
eso raya en lo esperpéntico.

No entender que si a mi niña,
con el velo, ¡¡por cojones!!
yo al instituto la mando

es por su bien, eso es ya
mearse fuera del tiesto,
quedarse en la pura anécdota
y en las conclusiones tópicas
que he citado hace un momento.

Y eso sí es maldad maligna
y ganas de liar la troca
y de tocarnos los huevos!

¡¡He dicho!!, ¡¡y san seacabó!!

Y en rebatir payasadas
no voy a perder más tiempo.

Payasadas y calumnias
de periodistas catetos,
y de escritores catetos,
y de cronistas catetos.

¡Españoles, sí, españoles!

Que ¡todo el día!, a los árabes,
sacándonos como antiguos,
caciques y tiranísimos
con las que nuestras mujeres.

Es decir, con nuestras hembras.

¿Injustos con nuestras hembras…?,
¿nosotros con nuestras hembras…?,

¿con las que tienen que darnos
hijos e hijos ¡por un tubo!,
que algún día serán soldados
con los que poder limpiar,
¡¡¡por fin!!!, este estercolero…?

¿este Mundo que hoy ¡plagado!
de gentuzas y gentuzos…?,

¿con las que ¡tan importantes!
y ¡tan insustituibles!
para que esto lo logremos…?

En fin; que por eso digo
que si hoy cojo yo a mi niña
y la hago que se tape
de lienzos de arriba abajo
y que se encasquete el velo,
y así vaya al instituto…,
eso lo hago por su bien.
Como padre, ¡por su bien!

Para que se sienta útil
y empiece ya a sentirse
pieza de este gran proyecto
de reconquistar el Mundo.

E insisto y repito: el velo
es sólo un simple detalle
vanal e inconcupiscente.

¡Y no es por ahorrar champú!,
como aún dice algún tarado.

Lo que hay detrás de él
es lo realmente serio.

¿Qué: está claro?, ¿me he explicado?,
¿me han entendido?:

¡¡pues eso!!

Masuriel

11

"Deniegan a De Juana una licencia de taxi por ocultar su pasado.

*La Justicia norirlandesa rechazó conceder al etarra **José Ignacio de Juana Chaos** una licencia de taxi para trabajar como conductor en Belfast, donde reside desde su excarcelación en agosto de 2008, según confirmaron fuentes judiciales.*

El magistrado instructor, Ken Nixon, denegó su solicitud al alegar que la información presentada por De Juana para obtener la licencia ocultaba 'deliberadamente' aspectos relativos a su pasado penitenciario. Según la legislación británica, los ex convictos sólo pueden obtener una licencia de taxi...

Durante la vista, la defensa de De Juana, de 54 años, ha alegado que su cliente ha dejado atrás su pasado violento y que quiere comenzar una nueva vida conduciendo un taxi...".

(Libertad Digital, 17/02/2010)

¡DE TAXI NADA, DE JUANA!.

Hoy sí que viene en la prensa
algo cruel y despiadado.

Hoy, una de esas noticias
que te dejan la moral
¡¡hecha papilla!!, ¡¡hecha cachos!!

¿Pues no que al pobre De Juana,
al traviesillo, al bromista,
al asesinillo múltiple,
al de las huelgas de hambre
a pan "Bimbo" incortezado,
al de la novia castísima…,

pues no que al pobre De Juana
los irlandeses le niegan
la licencia de taxista,
-mejor dicho: le deniegan-
con la que él, honradamente,
irse la vida ganando…?,

¿pues no que se la han echado
para atrás, esos estúpidos…?,
¿pues no que le han dicho no…?

Desde luego, qué pandilla
de acelgos y doblacáncamos.

Ésta era hoy la noticia
en "Libertad Digital".

Y la razón aducida
para esta denegación,
pues "que había ocultado datos
sobre su vida pretérita…".

¡Que vaya una tontería!

Por veinticinco personas
que asesinó…: ¡¡qué chorrada!!,
insisto, y ¡¡qué antipáticos!!

Que ahora esos irlandeses
se pongan eso: a cogérsela
con un papel de fumar…;
¡hay que joderse!, los pánfilos…

¿Qué pasa: no se acordaban
de que era el solicitante
de la licencia taxística
el terrorista honorado
que pertenecía a la Eta…,
-pertenecía, y pertenece-
y al que ellos lo acogieron
con tambores y cornetas
y honda satisfacción…?,
¿qué: ya se habían olvidado…?

Desde luego, ¡qué cuadrilla!
de hipócritas y de inútiles
en Irlanda. Y de ¡¡patéticos!!

Ponerse ahora a cuestionar
la honorabilidad
del señor De Juana Chaos…,

ponerse a ponerle pegas
y no dejarle ejercer
como abnegado taxista
por Belfast y otras aldeas…

¡Vaya Europa de vergüenza!
Cuánto bruto acomplejado,
cagueta y no progresista

que queda aún por ahí
socavando la moral,
y dando, sin más, por saco.

Y de España, ¡ni te digo!

Que, ¡claro!, así, los moritos,
¿cómo no van a crecerse
y a querer ponernos ¡¡¡ya!!!,
eso, las patas encima
de la mesa, y ¡¡machacarnos!!?

Si es que somos unos ¡mierdas!,
y una piara de ¡maricas!,
¿cómo no van a crecerse?

Como nos ven divididos
a los europeos, y haciéndonos
putadas entre nosotros…,
¡pues eso!: ellos, creciéndose.
Ya se ha visto en lo de antes.

Y ya mismo, pues nos vemos
la chilaba encasquetada
y hacia La Meca mirando.

En fin; lo que siempre digo:
que sea lo que Dios quiera.

Bueno, mejor, lo que Alá.

Y eso, y el señor De Juana,
el gran superterrorista,
¡pues eso!, ¡nada!: ¡¡a joderse!!

¡Tanta experiencia probada!,
¡tanta laboriosidad!,

¡tanta sapiencia logística!,
tiradas como un pingajo…

¡Qué pena, jolín, qué pena!

Pues lo repito: ¡¡a joderse!!,
Iñaki De Juana Chaos.

Pero usted no se deprima,
¡hombre…!, ni vaya a tirarse
a la vía del tren, de rabia.

Usted, ¡a seguir luchando!
Y a ganarse el pan haciendo
cualquier cosilla, y en donde
un sueldecito aseado:

de barredor de autovías…,

de emborrizador de albóndigas…,

de amontonador de berzas…,

de prensador de boñigas
para chabolas en Gambia…,

de olfateador de ojetes…,

de succionador de cuáqueros…

O póngase un criadero
de gambichuelas estáticas…,

o un puesto en el mercadillo
de accesos de casquería…,
o uno de sopas de ajo…

¡Pues eso!: que ¡a lo que sea!

¡Con la cabeza bien alta!

Y se metan en el culo
esa licencia de taxi
que no le dan: ¡¡en el culo!!

Esos gentuzos egoístas.

¡Los irlandeses, sí, sí!:
¡¡en el culo!!, ¡¡su licencia!!

Y, si no, ¡vente pa España,
De Juana!, ¡anímate y vente!

¡Mira!, te tuteo y todo.

A lo que te digo o algo,
o cualquier otra cosilla.

Que aquí encontrarás un curro.

¡Si aquí ahora vamos sobraos!,
¿no has oído al Zetapé?,
¿no has oído al Rubalcaba?,
¿no has oído al Torrebruno…?

Mira, igual te cede uno
de los quince que ahora tiene
la señora del Montilla.

O la señora del Bono,
que ¡como él es tan beato…!.

O la Pajín. O su madre.

O la Cospedal: ¡qué maja!

O la Maleni. O la Tere.

¡Hala, vente, majo, vente!,
¡vente, majo!: ¡te esperamos!

Masuriel

12

En este dichoso País, cuando a uno le toman manía,
¡hay que ver lo mal que se lo hacen pasar!, ¡hay que ver!

Y lo de aquel gran señor que fue Ministro de Justicia
con el señor ZP, aquello fue ya el ¡no va más!

DEL BERMEJO ESTOY HABLANDO.

Bueno, esto es ya ¡¡la rehostia!!,
esto es ya ¡¡la recaraba!!,
esto es ya ¡¡el recachondeo!!,
esto es ya ¡¡el recutrerío!!

Hoy, veintitrés de Febrero
del Dos mil nueve, ¡hoy mismito!,
le han dado puerta y la cuenta
a un Ministro carismático.

Pero, ¡hombre!, ¡qué crueldad!,
¡qué disgusto, al pobrecillo!,
¡¡qué guarrada!!: ¡¡¡mal!!!, ¡¡¡fatal!!!

Ahora que él a todo eso
le había cogido el gustito…:

a su flotilla de coches…
-oficiales, claro está-,

a su "Visa" ilimitada…,

a su escolta personal…,

a las sus reparaciones
en su modesto pisito…,

a sus cacerías en cotos
que, pagando, ¡ni un real…!

¡¡Eso no se hace, hombre!!,
¡¡no hay derecho!!, ¡¡no hay justicia!!

Lo que le han hecho a ese chico.

Que esos brutos del PP
y esos sociatas ¡¡bandidos!!,
se lo querían cargar;
y, el que más, ése, el Pepiño:
¡ni compañero ni hostias!

Unos y otros, ¡pobrecillo…!,
¡que lo tenían amargado…

Y otro que igual: ¡el Losantos!,
el santurrón de la radio.

¡Qué fijación! tenían todos
contra él, ¡los muy impíos!
Ya lo digo: ¡acorralado!

¡Y venga y venga!, insultarle,
¡y leña y leña!, unos y otros…:

"¡Tú: dimite!, ¡tú: a tu casa!,
¡vete ya de aquí, corrupto!,
¡lárgate de aquí, mangante!,
¡manirroto!, ¡pajerizo!,
¡descarado!, ¡rascaclítoris!,
¡boinillas!, ¡maleducado!,
¡pisatobas…!: ¡¡a segar…!!".

Todo eso le decían.

Y contarle, ¡¡¡cada día!!!,
los minutos que pasaban
sin que cogida la puerta.

Y me digo yo:
                            Y, total,
¿y cuál era el gran pecado
de aquel guapo mocetón,
de aquel ejemplar Ministro?,

¿cuál, la su falta moral,
¡a ver!, que a mí me lo digan?

Aunque, igual sería, igual,
porque con él el Garzón.

Y eso sí es imperdonable;
porque ése sí que era un pinta.

Porque a ése sí que el trinqui,
y a ése sí los coches caros,
y a ése sí las tías buenas,
y a ése sí las tías malas
lo tenían abstraído.

Y ese lo metió en jaranas,
y en "puticlús", y en bailongos,
y en guateques, y en saraos…

Y hasta lo enredó a cazar.

Que ya ves tú, ¡el pobre mío!

Si él no había ido ¡¡jamás!!,
¡¡¡en su vida!!!, si él, pues eso:
él, de la cama a la mesa
y de la silla al sofá…

Si él no tenía ni escopeta,
si él, la tenía que alquilar.

Que, si al campo alguna vez,
lo que iba era a almorzar,
no a matar ciervos ni chivos:
¡a almorzar!, a lo que iba.

Pero el Garzón lo enredó.

Y lo metió en este apuro,
que, ahora, ¡un "desgraciaíto"!

Con la carrera ¡tan limpia!
que tenía…, ¡tan ejemplar…!

Con lo bien que le iba a él
de Ministro de Justicia…,

y la ilusión que a él le hacía
arreglarla de una vez…

¡La Justicia, no!: su casa.

Y ahora que se había metido…,
con sus ahorrillos…, ¡qué lástima!

¡Con la ilusión que a él le hacía…!

Pues nada: ¡¡¡a la puta calle!!!

Hoy mismito, sí, ¡hoy mismito!,
hoy, sí, sí: ¡¡a la puta calle!!

Y ¡todos! esos ¡¡¡gentuzos!!!
que compañeros Ministros
la mayoría, pues callándose
y haciéndose eso: el sueco.

El Corbacho, el Sebastián,
la Maleni, la Cabrera,
la Chacón, el Moratinos…,
¡el Rubalcaba…!: ¡¡¡bandidos…!!!

¡¡¡Todos!!!, haciéndose el sueco…

Y algunos hasta atizándole
algún capón por detrás.

Que ¡¡¡todos!!!, bien lo sabíais
que lo estaba enredando
el pinta ése, el Garzón,
y no dijisteis ¡ni pío!

Que si "¡ji-jí!", si "¡ja-já…!",
y ¡¡¡todos!!! disimulando
y mirando hacia otro sitio.

Y ¡¡¡todos ésos!!! lo han puesto
a los pies de los caballos
ahora, al pobre infeliz.

¡Tan bueno y tan servicial…!

Bien le han dado por el saco,
ya lo digo y lo repito.

Que no me voy a cortar
¡ni un pelo!, en dar mi opinión.

Que yo no soy un hipócrita
como lo son ¡¡¡todos ésos!!!
que se decían sus amigos.

Y, ¡¡¡el peor!!!, el Zapatero,
ése, ése, el capitán,
el capitán de la colla,
que ése sí que sí lo era un ¡¡cínico!!:

"¡Ay, sí, sí…, vete a cazar…!,
¡ay, sí, sí…, y, Marianín,
cuando mates un muflón,
tráeme a mí algún filetito,
que la Sonsoles me lo haga
como ella sabe, ¡¡qué rico!!,
en la "Termo-Mix", ¡¡qué tierno!!,

¡anda, sí!, vete a cazar…!,
¡sí, sí, sí!: con el Garzón…".

Seguro que se lo dijo.

¡Seguro!, ¡¡menudo cara!!

Y ahora, otro que se calla,
ni un capote, al pobrecillo.

Porque ése, ¡el peor de todos!,
que por eso el que en la cumbre,
que por eso el mandamás.

Y tendría que haberla dado:
¡la cara!

      Como la dio
un muy digno antecesor
de su Partido: el Felipe.

Haberse ido a la Cope,
y soltar:
      "¡Pues, sí: fui yo
quien embarcó a este infeliz,
¡fui yo, sí, yo!, ¡¡yo solito!!".

¡La cara!
      Darla por él,
Como hacen los buenos jefes.

Como lo hizo el Felipe
cuando lo del Barrionuevo
y el Vera: ¡¡como el Felipe!!

Pero, bueno; esto es soñar;
que éste, ¡ni la sombra!, lo es,
de aquél sevillano mítico.

¡Ni mucho menos!, tan leal;
éste, ¡a años luz!, de aquél.

¡Sí, sí, sí, sí!, ¡el Zapatero!

¡Ni la sombra!, del Felipe,
aunque los dos socialistas.

Que hasta ahí también hay clases
y roles predefinidos.

   …

Pues, en fin, voy a acabar.

Pues, en fin; ésta es la crónica
de hoy, veintitrés de Febrero
del Dos mil nueve: ¡¡tristísima!!

Que se han cargado al **Bermejo**.

Un hombre recto, cordial,
afable, dicharachero,
altruista, pacifista…,
amigo de sus amigos…,
elegante, dialogante…,
respetuoso…
     ¡¡¡Qué palo!!!

Uno de esos casos raros,
¡¡muy pocos!!, que a veces nacen,
para honra del ser humano.

Pero, en fin; éste, el final.

¡¡¡Mucho, mucho!!!, lo he sentido
que se carguen a ese hombre.

Y de la forma que ha sido.

Que, tener yo que contarlo…,
tenerlo yo que contar…

¡Qué oficio más duro, el mío!

Ahora, ¡eso sí!, quedará
para la Historia esa frase
que él dijo en momentos críticos.

La: *"Yo veo el mundo en colores…"*,
poniendo el: *"¡¡¡coño!!!"*, al final.

Ésa pasará a la Historia.

Bueno, ésa ya ha pasado.

Como lo de dar billetes
de quinientos, como él daba.

Que creo que sí existen.

Y, para el cambio, ¡malísimos!

En las tiendas de Logroño,
en las de Ciudad Real
y en las de Vitigudino.

Masuriel

13

Pues ahora voy a permitirme otra retrospectiva
en recuerdo de ¡otro! gran prohombre de España.

¿Que de quién?, se preguntará usted otra vez.

Pues intente averiguarlo.
Como si de una adivinanza.

Por darle un poco de humor a todo esto, hombre,
o mujer, o lo que usted sea, que allá usted;
por quitarle un poco de hierro a todo esto.

Que le aseguro que es tristísimo tener que
recordar lo que recordaré
y hablar como hablaré.

Y este tema se lo voy dedicar a mi gran
compañero y muy leal amigo Joan Carles Gil,
¡¡gran admirador!!, sin duda, del prohombre en
cuestión, y espero que pueda contenerse y no
acabar en llanto desbordado, tras de leer los mis
versos, pues apuesto a que se emocionará.

EL ÁRBOL CAÍDO.

Confieso que me da pena,
que a mí me da ¡mucha lástima!

Y mira que intrigador,
faltón, rácano, pillín,
tocaovarios, pajeruzo,
pisacallos, suavón,
ramplón…, ¡el muy pelamáquinas!

Pero hoy, a mí, ¡¡mucha lástima!!

Verlo por ahí arrastrándose,
ninguneado, tirado,
despreciado, marginado,
apartado, arrinconado…,

prohibiéndole hasta que hable
y diga opiniones zafias…

Y que hoy esto estén haciéndoselo
los que formaron su harca…,
los que él mantuvo cebándolos…,
¡la recua de lameculos
y pelotillas leales…!,
-"leales", entre comillas-,
que se hacían polvo las manos
aplaudiéndole a él…,
¡y que se desgañitaban
para que él los oyera…!,
¡¡llenando aquellas plazas…!!

Insisto: una inmensa pena
me da este prohombre de España.

¡Con lo que el pobre trincó!,

¡con lo que el pobre medró!,
¡con lo que el pobre arrambló!,
¡con lo que el pobre intrigó…!,
la de vehículos aéreos
que ¡el pobre! utilizó
para cualquier chuminada…,

y lo que él se desvivió
para enchufar a los suyos…,
a sus múltiples hermanos
que, ¡los pobres!, como ratas…,

regalándoles despachos
para que, ¡las criaturitas!,
hicieran sus trapicheos
y la vida se buscaran…,

pues generoso hasta límites
que ni los más de La Mancha…

Y, ¡anda!, que sacar la cara
por el primero, el Felipe,
el que llegó desde Francia…

Y hacer el papel que él hizo
de ¡puro guarro y malo!,
para que el otro -el Felipe-
luego por bueno pasara…

Y, ¡anda! que eso pocas veces…

Y pelearse, y encararse,
e insultar a todo quisque,
y faltarle a todo quisque,
-a Adolfo Suárez ¡lo puso…!-,
y ¡todo! por caerle bien
a su gran líder de su alma…

Y manipular encuestas,
y amañar resultados,
y mangonear sondeos,
y piratear audiencias,
y falsificar los datos
oficiales a su antojo…,

¡Pues de nada le sirvió!,
¡pues no le sirvió de nada!

Cuando al líder principal,
al mandamás, al jefazo
le pareció bien: ¡¡al hoyo!!

Como otro imbécil cualquiera,
como otro inmunda piltrafa,
como otro asqueroso títere,
como ¡tantos!, como ¡a tantos!:
¡tirado!, ¡¡y bien tirado!!,
que lo dejó, ¡el muy bandarra!

¡Tirado como un galipo!

Y ahora lo ves, ¡¡pobrecito!!,
que ya ni en "La Dos" lo sacan,
ni en "La Uno", ni en "La Cinco",
ni en la "Intereconomía…",
ya, ¡ni en "La Sexta"!, del Saura…

Por ahí danzo bandazos,
ya lo he dicho, y lo repito:
ninguneado por todos,
¡casi escupido! por todos,
y ahora en un humilde "Panda",
dicen que va, no en vehículos
voladores, de los que a él
¡criaturita!, le pirraban…

Y tal como un apestado,
tirado por los pasillos
del Congreso -cuado va-,
y ¡¡ni el menor caso!! nadie…

Vuelvo a insistir: ¡una lástima!,
¡una verdadera lástima!

De aquel prohombre que ¡¡todo!!,
a éste posthombre que ¡¡nada!!

Tal como el regio venado
altivo e inexpugnable
que soltó ¡¡tantas!! cornadas,
y ¡¡tanto!! se esforzó él
por seleccionar su harén
para hincharse él a follar,
-¡con perdón!-, y, cuando viejo
por el peso de los años,
por otro más joven que él
se ve corneado, humillado
y revolcado por ahí…,
y ya sin harén ni nada…,
ahí, él solito, en el bosque
como cualquiera bichejo…,
comiendo cuatro hierbajas…

Pues ésa, la estampa de hoy
de este superhombre inmenso:
arrinconado, apartado,
vetado por los micrófonos
e ignorado por las cámaras.

La Cope que "¿de qué vas?",
la SER: "¡pues bueno, hombre, bueno…!",
la "Onda Cero" cachondeándosele,
"Cataluña Radio", "¡adeu…!".

La única, creo, la "Es Radio",
la del Losantos y el César,
que ésos, creo, algunos días,
de tertuliano lo llaman.

¡Sobreviviendo!, ¡a las últimas!,
con un suelducho indecente
de Diputado: ¡eso es todo!

Pero, bueno, ¿y qué va a hacer?

¡Qué triste, por Dios, qué triste!

Yo, haciendo esta reflexión
de carácter retroactivo,
francamente, la verdad,
sinceramente: ¡no puedo!,
¡que se me saltan las lágrimas!

Ser hoy testigo obligado
de esta aberración histórica
es superior a mis fuerzas.

Pero, en fin, es lo que hay.

Ya no hay que darle más vueltas:
seguir remando en la barca,
y no volver la cabeza,
siquiera, para mirar.

Y que Dios disponga y haga.

Masuriel

14

Ya son ¡¡muchos!! los que opinan que los políticos y los cargos públicos tiran del dinero de todos nosotros con una alegría…

Bueno, los que opinamos.

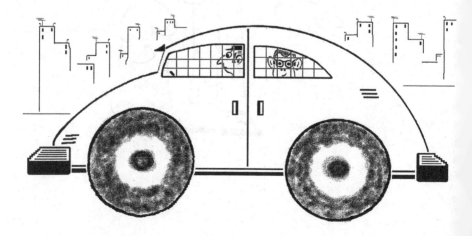

EL AUDI OFICIAL DEL GALLARDÓN.

¡A ver!: si no pasa nada,
si es lo que tienen que hacer,
si casi están obligándoles,

si ellos hacen lo que deben,
si aquí nadie va a pedirles
cuentas por lo que se gasten.

Bueno, nadie, no: exagero.

Siempre habrá algún pichulero
queriendo meter cizaña
de una forma despreciable,

que sacará la noticia…,
que la desarrollará
con datos incontestables
y pruebas irrefutables…,
¡y ya empezará a enredar!

Aunque perderá el tiempo.

Porque es ¡¡inimaginable!!
movilizar a ese ejército
de hombres y de mujeres
que, haciendo de la verdad
bandera, -¡pobres nostálgicos!-,
se alíen y hagan un frente,
hoy día, contra un cargo público,
intentando arruinarle.

Que es lo que pretendería
el tramposo ése, ¡embustero!,
que liando está la troca,
en "Libertad Digital".

No conseguirá ¡¡ni en broma!!
que ese ejército arranque.

Que ese ejército, ¡encantado!
con las idioteces múltiples
que las teles gozan dándoles.
Por eso, tiempo perdido.

Y, por esto, que yo digo
que ¡sí!, que yo veo ¡muy bien!
que ellos hagan lo que hacen.

Lo hagan los cargos públicos.
Lo que hacen, o sea: ¡¡¡gastar!!!
fondos públicos ¡¡¡a mares!!!
Cumplir con su obligación.
Que así serán aplaudidos.

Y un ejemplo. Como siempre
suelo hacer yo, que un científico.

Esta vez, el de un Alcalde;
el más famoso de España:
el Alcalde de Madrid.

Fue el penúltimo de Octubre
del Dos mil ocho. Ese día,
el mindundi ése al que aludo
del "Libertad Digital",
un mascabrevas, ya he dicho,
ahora, el que salía enrollándose,
y diciendo:

"Gallardón
usa un coche oficial
por el que el Ayuntamiento
-de Madrid, se entiende- *paga*
casi seiscientos mil euros".

Éste era el titular
de su crónica execrable.

Y decía, ¡el esperpéntico!:

"¡¡¡Seiscientos mil!!!, por un coche.
Por un coche ¡¡¡de alquiler!!!

Y ¡¡¡seiscientos mil!!! al año.

¡Un Audi-A6! Para eso:
los traslados cotidianos
y diarios del Alcalde.

Y un coche a prueba de bombas:
que ¿acaso estamos en guerra?,
-se preguntaba, sarcástico-,
¡pues eso!: -y seguía recreándose-,
con ¡¡seguridad total!!,
antipalos, antibalas,
antidardos, antipiedras,
antilanzas, antisables...,
antiescupitajos...: ¡¡¡todo!!!

Con seguridad, ¡¡¡total!!!

Nivel máximo en blindaje.

Insisto: a prueba de bombas.

Y eso: ¡¡¡y seiscientos mil!!!

Por un año. O sea: ¡¡¡carísimo!!!".

Y, en fin, y en el mismo tono
seguía largando y bramando
el periodistucho aquél
toda suerte de desmanes.

Queriendo hacer ironía.

Ironía que para echarse
hoy otra vez a llorar;
¡qué malasombra tenía!

Que insistía y reinsistía
con datos comparativos.

Por ejemplo, mencionando
el cochazo tuneado
que también, en Cataluña,
se agenció otro Muy Honorable,
cuando estuvo: Ernest Benach,

y, por ejemplo, sacando
los cuatro "Audis" también
del presidente Touriño,
el de la Galicia afable.

"Madriddiario.es",
-¡eso!, que no se me olvide-,
quien había puesto los datos
a la luz, que este ¡mal bicho!
del "Libertad Digital"
ahora los publicitaba,
citándolos como fuente
prestigiosa y respetable.

¡Filtrados!, lo más seguro,
por algún funcionariucho
sin conciencia, ¡otro drogado!,
¡seguro!, ¡lo más seguro!

Desde luego, ¡qué gentuzos!
Los dos, ¡sí, sí!: "Madriddiario"
y "Libertad Digital",
¡los dos, los dos!: ¡qué gentuzos!

Que ¡vaya un texto infumable,
mal hecho, improfesional
y ruin!, el de ambos cafres.

¡Pero inútil!, ¡pero absurdo!:
¡¡otra pérdida de tiempo!!

Como todo lo que sale
publicado con mala hostia.

Que, en España, ¡mucho! sale.

Porque, a ver: ¿alguien ha visto
que, dicho lo que se dijo
con pelos y con señales
sobre este asunto en concreto,
el del cochecito ése
que ¡¡¡cada año!!! les cuesta
a los madrileños ¡¡¡todos!!!,
a los españoles ¡¡¡todos!!!,
¡¡¡seiscientos mil!!!, -¡ya ves tú!-,
alguien ha visto -reinsisto-
que haya reconsiderado
o que haya rectificado
su gasto, el citado Alcalde...?,

¿alguien ha visto algo de eso...?,

¿alguien ha visto que él haga
cuentas, y diga, siquiera:

"Pues, ¡sí, sí!: lo reconozco,
yo me he pasado un poquito,
y, en lugar de tanto coche,
voy a ir en bicicleta,
o en metro, o en autobús,
o con un vecino amable...,

y, mira!, así voy a ahorrarles
a los pobres madrileños,
y a los pobres españoles,
que ellos son los que lo pagan,
pues eso: ¡¡¡seiscientos mil!!!
euritos…

            Y, ¡mira!: entonces,
con ésos voy a montarles
una guardería en un barrio
de obreros…, o un gimnasio…,
o un hogar para ancianitos…

¡O eso!: ya que los tiempos
más que mal están ¡¡fatales!!,
eso: a cincuenta personas
en paro: ¡doce mil euros!
al año, les voy a dar;
ya que los tiempos ¡¡fatales!!

Yo, mil euritos al mes, !
voy a hacerlos "mileuristas".

Que el Inem ya está en la quiebra.

Y así, los treinta años próximos
la dura crisis aguanten.

¡Eso!: a cincuenta familias
madrileñas, ¡¡¡por mis huevos!!!

Con esos ¡¡¡seiscientos mil!!!
Que a ellos más falta les hacen.

Que yo, joven todavía.

Que yo me voy en el tren,
en el metro, en bicicleta

o en el coche de un vecino…
Pues, ¡mira!, pues voy a hacerlo.

¡Ah!, y a pedirles perdón
a todos los madrileños
y a todos los españoles,
por el gasto que estos años
hice ¡¡como un miserable!!".

¿Alguien ha visto al Alcalde,
alguien ha oído al Alcalde
decir algo parecido…?

¡Sí, sí!, al señor Gallardón,

¿¡¡Tamaña barbaridad!!?

Que, ¡a ver!: que si es que sí lo ha dicho,
y esto no nos lo ha contado
el "Libertad Digital"
y el pardillo ése de antes,
eso ya sería gravísimo.

Y si también se lo calla
"Madriddiario.es"…

Que a mí no me extrañaría…

Pero, en fin; si eso no ha sido,
o eso no ha sucedido,
me mantendré en lo de antes:

¡que sí…!, ¡que no pasa nada…!,
que me parece ¡¡muy bien!!
que se haga lo que se hace.

Que, aquí, ¡maricón el último!

Que ellos, ¡sí!, los cargos públicos,
¡que sí!, que sigan haciéndolo,
que eso es lo más saludable.
Y lo que les da más votos.

Lo que se hace el Benach,
lo que se hace el Touriño,
lo que se hace el Gallardón
y ¡¡¡todos!!! los que no salen.

De momento.

Y que saldrán.

¡Que lo hagan!, ¡que lo hagan!
Que para eso están los Fondos
inmensos e inacabables.

Y que esos facinerosos
del "Madriddiario.es"
y el "Libertad Digital"
sigan sacando noticias.

Que, ¡¡¡ni puto caso!!! en Cáceres.

Masuriel

15

La puesta en marcha del "carnet por puntos"
en nuestro País fue uno de los ¡tantos!
acontecimientos célebres de su reciente
historia. ¡No vean!, el despliegue para airear
el evento. Las televisiones se mataban
haciendo reportajes.

Yo me referiré a continuación al que
pusieron por "Antena-3".
Era en pleno verano del 2006.

Por más esperpéntico que parezca,
y salvando los matices de mi interpretación,
el hecho ocurrió tal y como yo lo contaré.

Y en esta ocasión, el "personaje de banderas"
protagonista, era uno de los ¡¡tantos!! que
andan por ahí, anónimo, pero "personaje".

Y lo de "gitano" va porque era gitano,
y hay que decirlo; que el rigor es el rigor.

Y éste voy a dedicárselo, precisamente, a mi
amigo Manuel Heredia -¡gitano!-, quien,
¡el pobre!, lleva ya 30 años cobrando el
Pirmi…, teniendo, ¡el pobre!, ya casi cuarenta
de edad, ¡pobrecito!
Pues para él esta broma, con todo mi cariño.

EL CARNET POR PUNTOS.

"¡Mira cómo tiemblo, mira...!".

Lo que parecía decirle
el gitano aquél del coche
al Guardia Civil de Tráfico.

En presencia de la tele.

Eran los de "Antena-3",
que para dar cobertura
al nuevo "carnet por puntos"
que empezábase a aplicar,
el reportaje grabándolo.

Y en aquel momento justo,
pues eso, el Guardia civil,
advirtiéndole al gitano:

- Oiga, va sin cinturón:
  pues, ya sabe: son ¡tres puntos!
  por ir sin el cinturón.

Y nota en el talonario.

Y, ¡oiga...!, ¿y su señora, qué?:
¿que tampoco se lo pone...?

Y esa niña, ¿por qué va,
sin su sillita y sin nada,
ahí detrás dando saltos?

Pues eso son tres más tres
puntos que pierde ¡ipso facto!

Y, ¡a ver!: ¡deme su carnet!

¡Y entonces viene la buena!

Le dice sin molestarse
ni en levantarse, el gitano:

- Pues es que..., pues, mire, es que...,
es que el carnet no lo tengo.

Bueno..., ya casi lo tengo...,
la Teórica he aprobado,
y voy a ir el mes que viene
a examinarme de Prácticas...,
pero como voy ahí mismo...

Todo esto, con simpatía
y un puntito de descaro.

Que, como estaban grabándolo
los de la tele, ¡pues eso!:
a salir guapo y simpático,
que lo vería su familia.

Y su mujer, pues ¡calcado!:
la cabeza ella sacándola
allí, por la ventanilla,
por encima del volante...,
para que se viera bien...

Y la niña..., pues la niña,
asomando medio cuerpo
por la ventana de atrás,
gritando y manoteando.

Pues eso pasó, ¡sí, sí!;
pasó eso así, y de verdad.
Un reportaje ¡magnífico!,
quedaron todos ¡tan majos...!
...

¿Que cómo acabó la cosa?

¡Hombre!, la Guardia Civil,
yo creo, o el Guardia Civil,
tendría que haberles hecho
salir inmediatamente
del coche, y precintárselo,
y, al individuo, pues eso:
inmediatamente al Juez,
debidamente esposado,
ya que era un peligro público
conduciendo sin carnet...,

pero, ¡hombre...!, ante la tele...,

y, a lo mejor fue por eso
que los dos Guardias Civiles
otra actitud adoptaron.

Que no por incompetencia
e irresponsabilidad.

Fue porque estaba la tele.

Bueno, el caso es que al gitano,
antes de arrancar de nuevo,
le dijo muy sonriente
el Guardia Civil de Tráfico:

-   Señor: sepa que el carnet,
    cuando llegue usted a sacárselo,
    ya tendrá usted, ya, de entrada,
    dieciocho puntos menos.

Y, el gitano, casi, casi,
aguantándose la risa:

-   "¡Vale, vale...!, ¡apunta, apunta!".

Y el Guardia lo despidió
con el saludo obligado,
¡y hala!, ¡y se acabó!, ¡y muy buenas!

Y volvió a la carretera
el curioso personaje
como si ¡nada de nada!
hubiera allí pasado.

No hubo más requerimientos
ni más preguntas capciosas.

Ni si llevaba seguro,
ni si rueda de recambio,
ni si tenía la ITV,
ni si las luces en orden,
ni si el coche era robado...:
¡¡nada, de nada, de nada!!

Y el reportaje continuó.

¡Sí, sí!, salían más anécdotas.

De "Anten-3", ya lo he dicho.

Continuó el reportaje,
que les quedó ¡¡niquelao!!

Masuriel

16

"Cristina Marín murió violentamente. Un golpe en la cabeza, evidentes signos de violencia en su cuerpo y un corte en una de sus muñecas por el que se desangró son las primeras pruebas de su crimen, desveladas por la autopsia. Pero, ¿quién mató a Cristina?, ¿por qué?, y ¿cómo? Son las preguntas que sobrevuelan la cabeza de la población de Seseña (Toledo), conmocionada tras hallar el cadáver de la menor de 13 años el pasado sábado.

*... Según los primeros datos facilitados por la guardia Civil, otra **menor de 14 años**, de origen cubano y de 'constitución fuerte'... fue detenida como presunta autora del asesinato...*

... Uno de los datos más escalofriantes ha sido el momento de la confesión. Al parecer, la menor, tras varios interrogatorios confesó el crimen sin mostrar ni un ápice de remordimientos. Marcó el lugar donde estaba el cadáver y explicó fríamente cómo asesinó a Cristina: la golpeó, le cortó una muñeca, la tiró al pozo y luego intentó ocultar el cuerpo cubriéndolo con piedras.

... las dos niñas tenían serios problemas de convivencia entre ellas..., las peleas y enfrentamientos no eran algo puntual...

... la joven recibió una llamada de su presunta asesina. Quería quedar con ella y acabar a base de violencia con el enfrentamiento que mantenían. Cristina pidió permiso a su madre para salir esa tarde, algo que le negó por estar castigada debido a las malas notas que había tenido...".

(El Mundo, 06.04.2010)

EL CRIMEN DE SESEÑA.

He llegado ya a una fase
de mi vida, en que todo esto
empieza ya a aburrirme
y a cansarme la cabeza.

Casi, casi a darme náuseas
cada vez que leo la prensa,
o escucho a veces las radios,
o veo a veces las teles…,
y, en ellos, ¡otro episodio!
de agresión horripilante
o de horrorosa violencia.

Que es que los medios no paran,
¡qué obsesión tienen los medios!

Hoy, que primero de Abril
del Dos mil diez, hoy se ceban,
y, ¡claro!, y magnificándolo
hasta límites sin límite,
en lo que ellos lo titulan
como: "El crimen de Seseña".

Que Seseña es un poblacho,
-¡con perdón!-, sí, de Toledo,
que lo puso en la palestra
y lo dio a conocer
ese auténtico fenómeno
contemporáneo, "El Pocero",
por cierto, ¡gran personaje!
de nuestra España coqueta.

Pero, en fin, a lo que íbamos.

¡Que eso!: que allí ha habido un crimen
circunstancial y casual
como ¡tantos! produciéndose,
y ya están los periodistas,
y ya están los reporteros
dándole vueltas y vueltas,
y enredando y magreando,
¡como siempre!, que ¡qué vicio!,
punzar a la gente buena.

¡Todo!, por vender periódicos
y por ampliar audiencias.

Pero, en fin; es lo que hay;
que no es la primera vez
que hacen cosas como ésta.

Esto de escandalizar
e intentar manipular
las conciencias de los simples
como el Zetapé, el Rajoy,
el Corbacho, la Camacho,
el Llamazares, el Ares,
el Rovirilla, el Montilla,
el Mouriño, la Patiño,
el Gallardón, la Chacón,
el Mas, el Camps de Valencia...

Por poner algún ejemplo.

Los que líderes políticos
y hacedores de las leyes.

El intentar presionarlos
para que ellos, ¡pobrecillos!,
en un momento, se vean
obligados a tomar
decisiones antipáticas,

por ejemplo, en el sentido
de revisarlos, ¡¡y al alza!!,
los castigos y las penas
que, hoy, en "La Ley del Menor"
están, o que hoy en vigencia.

Pues ésta, al fin, la cuestión,
ésta la intención final
que subyace en este caso,
éste que ahora paladean,
y que ellos lo llaman, ¡¡cínicos!!,
eso: "El crimen de Seseña".

Que ¡qué sádicos!, ¡qué malos!,
los periodistuchos ésos,
los reporteruchos ésos
que en juego ¡¡tan ruin!! se enredan.

Y, ¡anda!, que los "espontáneos"
que por la Internet se empeñan
en poner sus "comentarios"
sobre el caso… : ¡¡vaya harca!!,
unos y otros, ¡¡vaya piezas!!

Que ¡¡todos!! una obsesión
con hacerle daño al prójimo…

Porque las palabras hieren
aunque ellos no lo crean.

Y, claro, el andarse ¡siempre!
unos y unos, otros y otros,
los "informadores" ésos,
los "opinadores" ésos,
¡siempre, siempre!, unos y otros
dando la vara con eso
del "endurecer las penas"

de mayores y mayoras,
de pequeños y pequeñas,

o sea, ¡¡de todo el mundo!!
que un simple crimen cometa…,

como ha sido en este caso…,

o un simple asesinato…,

o un simple acto terrorista…,

o una simple violación…,

Unos y otros, ya lo digo,
¡¡todo el día dando la vara!!
con "endurecer las penas".

La verdad, que ¡qué cargantes!

Y hoy, pues eso, ya lo digo:
hoy le ha tocado a Seseña,
a ese poblacho manchego,
-con perdón-, el del "Pocero",
hoy, ése, en boca de todos,
porque toda esa comparsa
que antes digo así lo apremian;
para alarmar solamente.

Alarmar, principalmente,
y seguir, que ¡qué obsesión!,
como he dicho hace un momento,
con su teoría esquizofrénica.

Lo de "palos y más palos".

Que yo a veces me pregunto,

yo me pregunto: ¿y qué "penas"
hay que "endurecer", ¡a ver!?:

¿ésta, la que una niñata
-raíces cubanas, por cierto;
qué orgullo para el Fidel-
se haya cargado a una niña
abriéndole la cabeza
con piedracas, y asestándole
corte mortal en las venas,
y arrojándola a un pozo
y enterrándola allí mismo
cuando aún viva, y aún no muerta...?,

¿esta simpleza queréis
castigarla con rigor
y con especial dureza...?,
¿esta simpleza tan simple...?

¡Por favor!: ¡¡si son dos niñas...!!,
-una, aún; la otra, lo era-,
¡una catorce, otra trece...!,

¡y compis del instituto
y en el mismo curso y todo...!,

¡que igual en la misma mesa...!,

¡que igual con los mismos novios
y prestándose los pantys
y los jerseys entre ellas...!,

¡¡y prestándose los libros...!!

Yo, ya lo digo: ¡alucino!,
cuando veo tanta maldad
y actitudes tan aviesas
y tan intervencionistas.

Que así nos va en este País.

¿Se han peleado?: ¡pues bueno!,

¿la ha matado?: ¡vale!, ¡¡sí!!,

¿le ha dolido?: ¡tome nota!,
y otra vez sea más lista
y la que mate sea ella.

¡¡Y san seacabó!!, ¡¡y ya está!!,
¡y no hay que liar la troca!,
¡¡y no hay que darle más vueltas!!

A este caso, ni a ninguno.

Las leyes son como son,
las penas son las que son,
y así lo están ¡¡¡estupendas!!!

¡¡Y ni incrementos ni hostias!!

Ya están como están, ¡¡y punto!!

¡Y a callarse ya esos perlas!
que siempre dando por saco:
¡¡alarmistas!!, ¡¡tortillófagos!!

¡Hala!, ¡¡veros a la era!!,
como os diría el Pepe Bono,
la Cospedal o el Barreda,
que son manchegos los tres.

A usted no, lector, ¡no, no!,
a usted yo no me refiero,
a usted no le mando allí.

Aunque deje usted a veces
en la Internet su opinión.

Y, aún menos, si usted lectora.

A ustedes no me refiero.

Yo me refiero esta vez
a los que antes he dicho:

¡¡a la patulea ésa!!

Masuriel

17

Y de nuevo me vi obligado en aquella ocasión a soltar mi lengua sabia, para aclarar un hecho histórico que yo conozco muy bien.

La cosa venía provocada porque **un catedrático catalán**, -¡catalán de pura raza!, aquél sí que un "personaje de banderas"-, pues, digo, un catalán había tenido que arremangarse y fajarse para demostrar que la famosa novela "Don Quijote de La Mancha", era una obra de un insigne catalán como él, y no de quien se decía desde siempre que era. Y como al buen catedrático algunos lo estaban tomando ya por chirigotero, pues yo, desde mi puesto ya en la eternidad, tuve que salir a defenderlo, ¡pobrecito!, pues ¡faltaría más!

Que yo sigo sin admitir las injusticias.

"EN UN LUGAR DE LA MANCHA..."

"En un lugar de La Mancha
de cuyo nombre no quiero acordarme...".

Así es como comenzaba
una novela de enredos
que yo escribí cuando joven.

Por entonces, yo era sátrapa.

Vendía olivas, pechín,
cebollitas en vinagre,
sobaos, tortas de Alcázar...

Me ganaba bien la vida,
¿para qué voy a negarlo?,
pero era más la afición,
y, en cuanto que me sobraba
un rato, pues ¡a escribir!

A escribir, ¡y en Catalán!,
que quede claro ¡y bien claro!;
escribir, ¡y en Catalán!,
era lo que me pirraba.

¡Si mi padre era de Vich...!,
¡si mi madre de Tarrasa...!

Y mi abuelo era de Horcajo,
y mi abuela era de Móstoles,
y mi otro abuelo de Lugo,
y mi otra abuela Herrera...

¡Catalán de pura raza!

Igual que el Durán i Lérida.

O que la Pilar i Rahola,
o la Manuela i de Madre,
o el José i Montilla,
o el Pepe i Rubianes,
o el Justo i Molinero...

Pues, como lo que comento
al comenzar:
             Que en un rato
que tuve un día de un Febrero,
se me dio por escribir
una novela romántica,
en la que el protagonista
se encelaba y se enchochaba
de una moza de un poblacho
de una provincia extraplana,
y el hombre se echaba al monte
a hacer cosas arriesgadas
para que ella lo supiera
y llegara a impresionarse
y, sorprendida y rendida,
a él se le abriera de patas.

Esto, en resumen sinóptico,
lo que en mi obra pasaba.

Y la ambienté, como he dicho,
mayormente por La Mancha.

Que, siendo yo catalán,
mejor la habría ambientado
en Rubí, en Villafranca,
en Gironella, en Bagá...,
pero es que aquí..., sin molinos
y sin ovejas modorras...

Y, ¡claro!, eso, ¡imprescindible!

Lo que yo necesitaba,
precisamente, molinos
y eso, y ovejas modorras.

No iba a enfrentar yo a mi héroe
con un poste de telégrafos...,

o un radar de una autopista...,

o a ponerlo yo a luchar
contra una piara cutre,
en El Prat, de gallináceas...,

ni contra una harca de "okupas"
de la Vía Layetana....

Habría quedado ridículo.

Y, por eso mismo, opté
por, mi novela, ambientarla
allá en donde la ambienté:
"en un lugar de La Mancha".

Ésta es la verdad ¡auténtica!,
ésta es la verdad ¡¡exacta!!

¿Que por qué digo esto ahora,
y que qué hago yo ahora aquí
haciendo estas precisiones?,
ya se está usted preguntando,
porque, usted, algo alcahuete,
y, usted, metiendo cuchara.

¡Pues, mire!, ¡se lo diré!:

Yo, en estos momentos, quiero

darle la razón ¡de plano!
a un pobre hombre muy listo,
-¡nada menos, catedrático!-,
que, el hombre, anda por ahí
defendiendo que "El Quijote"
lo escribió un catalán.

Y yo se lo digo: ¡¡sí!!,
no es un bulo, ni una filfa,
ni es un rollo, ni un enredo:
es una verdad testada.

¡Sí, sí!, lo escribí yo mismo,
¡¡yo mismo, sí, sí!!, ¿qué pasa?

Y ¡¡muy mal!! que al catedrático
se lo tomen a choteo
y a befa y a pitorreo,
¡hombre…!, ¡que a mí me da lástima…!,

que, encima que el hombre dice
¡toda la verdad!, lo tomen
por el pito de un sereno…

Por eso vengo a ayudarle.
Por la ética obligada.
Y por justicia y honor.

Y con permiso de Dios
he bajado unos diítas
a decirlo. Y ahora, en verso.

Y en verso poner las cosas
en su sitio, ¡¡y bien, bien claras!!

Y en versos queda aquí dicho:

Yo soy Miguel de Cervantes
i Saavedra: ¡¡catalán!!,
¿no ve la "i..."?, ¿no la ve...?

Pues como el Durán "i" Lérida,
y los otros que ya he dicho.
¡Catalán de pura raza!
Y, en concreto, de Manresa.

En mis tiempos, yo era sátrapa,
es decir mercadillero
de aceitunas, alcaparras,
cebollitas en vinagre,
tortas de Alcázar, sobaos...

Ya lo he dicho. Y, a ratitos,
me dedicaba a escribir.

Que era lo que me pirraba.

Y ¡¡sí!!, escribí esa novela
que se hizo tan famosa
y ahora creando polémicas,
¡¡sí, sí, sí!!, fui yo, ¿qué pasa?

Y la escribí en Catalán,
¡quede claro para siempre!

Pero como en Español
se conseguirían más ventas
publicándola en "Palibrio",
pues me la hice traducir,
¡y eso es todo!, ¡simplemente!:
pragmatismo catalán.

¿Cabe, acaso, mejor prueba
para, la razón, hoy, dármela?

Y la original genuina
en Catalán, yo la tengo;
ésa se vino conmigo.

Y si no me cree usted,
porque usted es un escéptico
y un plumillas y un chulillo,
¡pregúntele usted a San Pedro,
¡ande!, ¡chulillo!, a San Pedro,
¡ande, plumillas, sí, sí…!,
¡¡a ver si tiene usted agallas!!

Bueno, y me voy; que la cena,
si no estás allí a las ocho,
¡pues sin cenar a la cama!
Que aquél, un sitio muy serio.

Casi como Barberá
cuando el "Lobo" allí mandaba.

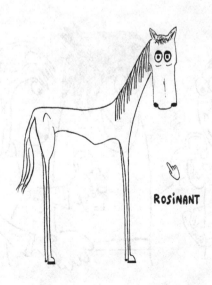

ROSiNANT

Masuriel

18

Una práctica que empezó a extenderse entre los jóvenes
allá por el Dos mil seis..., bueno, y entre muchos jóvenes,
no todos, pues sería injusto por mi parte generalizar,
fue la del uso del teléfono móvil para grabar anécdotas,
y ponerlas luego por la Internet. Afición, por cierto que ha
perdurado, por cierto.

Y la de, por ejemplo, aquella señora indigente prendida
fuego en el cajero de un banco en Barcelona tuvo una
difusión... Y las teles lo airearon bien, toda ella; para que
se corriera la voz, y se popularizase...

¡ESTOS CHAVALES...!

¡Mira!, otra moda estupenda,
desternillante y simpática:
agredir a vagabundos
de ésos que duermen al raso
arropándose con cajas,

o apalizar a niñatos
en aulas del instituto,

o acollejar a panolis...,

o acosar a animaluchos...,

¡¡y grabarlo con el móvil!!

¡Sí, sí!, con el móvil propio,
el que tus papás te pagan.

Unos jóvenes intrépidos,
valientes donde los haya,
se dedican, ¡¡por las noches!!,
a grabarse sus proezas
y sus grandiosas hazañas:

a los torpes vagabundos,
puñetazos en la boca,
trancazos en la cabeza,
patadones en la cara,
rodillazos en el culo,
empujones para un charco...,

un punterazo a un minino,
y que vuele como el "Batman",
también es divertidísimo...

Bueno..., y ¡lo más de lo más!:
gasofa echarle una tísica...,
¡una cerilla...!, ¡¡¡y que arda!!!

Desde luego, es que hay jóvenes
que es que son ¡¡la recaraba!!

Pues luego se pasan horas,
¡¡horas enteras!!, mirándolo
por, o en, la micropantalla.

Compartiéndolo con otros:
"¡¡¡ay, qué risa, Tía Felisa!!!".

¡Qué jodíos, estos chavales!,
¡tienen unas ocurrencias...!

Aunque, no: esta moda guapa,
aún no entre todos los jóvenes;
aún no se ha hecho extensiva.

¡Una verdadera lástima!

Una verdadera lástima
que aún queden jóvenes muermos,
y aún queden jóvenas muermas,
sin sentido del humor.

Que hay ¡muchos sosos! por ahí,
¡muchos rancios!, por desgracia,
muchos fans de Jesucristo
anegados de reservas
y atestados de prejuicios
ante unas modas ¡tan lindas!
como aquesta, y ¡¡tan simpáticas!!

Pero, en fin; cuestión de tiempo.

¡Paciencia!, que aún son muy jóvenes
y aún muy zarzaparrillos.

¡Muy malo! sería perder
por completo la esperanza.

Masuriel

19

"La presión vecinal obliga al 'segundo violador del Eixample' a irse de Lloret.

. Los vecinos colgaron fotos avisando de la presencia de Martínez Singul en Lloret.
. Martínez Singul también tuvo que irse de Barcelona por la presión social.
. Pasó 16 años en la cárcel acusado de una decena de violaciones.

Efe | Barcelona

Actualizado jueves 06/08/2009 11:02 horas

*La presión de un grupo de vecinos ha obligado a **Alejandro Martínez Singul**, conocido como el 'segundo violador del Eixample', a abandonar la localidad gerundense de Lloret de Mar...".*

(www.elmundo.es/2009/08/06)

¡¡INTOLERABLE!!

¡Hombre, esto no, por favor!,
¡otra vez no, por favor!

¡Tanta crueldad! no se puede
soportar, sin derrumbarse
moral y físicamente,
¡no se puede, este suplicio!

Don **Alejandro Martínez
Singul** -nombre y apellidos-
el "segundo violador
de l'Eixample", Barcelona,

¡¡otra vez!!, tuvo que irse
de donde se fue a morar
él allí, ¡tan ricamente!,
esta vez, Lloret de Mar
(Gerona), porque la gente,

¡¡los gentuzos!!, mejor dicho,
del pueblo habían empezado
a poner por ahí su foto
y carteles, advirtiendo
que el violador allí estaba,
en Lloret, como vecino.

Y, ¡claro!, el señor Martínez,
pues tuvo que optar por irse.

Si él era un hombre pacífico…,
si él no quería violencias…,

pero eso: no le dejaban
vivir en paz, ¡¡pobrecillo!!

Lo mismo que ya otra vez
ya se fue de Barcelona,
más o menos, por lo mismo:
presiones de los quisquillas
que decían que iba a volver
a su incontrolable vicio.

Que…, bueno…, que sí…: ¡lo hizo…!
¡pero él no tenía la culpa,
porque él tan sólo una víctima
de ¡tanta! presión social
y ¡tanta! telebasura
y ¡tanto! manipuleo
como anda por ahí metido.

¡Y eso!: ¡y tanto botellón!

Que él, sólo otra pobre víctima
que violaba sin pedirlo.

Y, ¡hombre!, habrá que perdonárselo
una, y otra, y otra vez.

Como el señor Juez lo hizo,
el de Turno: "¡hala!: ¡a la calle!,
¡hala!: ¡otra oportunidad!".

Que, ¡a ver!: ¿y por qué no dársela
a él otra oportunidad?:
¿sólo por esa minucia
de violar ¡a todo tiro…!?

Éste es un País de orden
y de derechos humanos,
¡caray!, y hay que ser coherente
y un poquito comprensivo.

Total, ¿y a qué tanto escándalo,
¡si violaba sólo a niñas…!?,
¡si sólo diez u once veces…!,
¡que tampoco es para tanto…!

Y, ¡¡seguro!! que las niñas
irían picardeándolo
todo el día, ¡¡¡angelito!!!

Que las niñas de hoy en día,
¡¡todas!!, un pedazo gólficas,
-con perdón-, y unas zorritas.
¡Que eso son las niñas de hoy!

Yo, leyendo esta noticia,
la verdad, hoy, he sufrido.

¡¡Mucho!!

Me he puesto en sus carnes.
Porque es que hay ¡tanta injusticia…!

Que, ahora, ¡a ver!: ¿y a dónde va?,
¿y a dónde se va a vivir?,
¿y en dónde, ¡el pobriño mío…!?

Si en Lloret ya no lo quieren…,
si en Barcelona tampoco…,

y en cualquier sitio al que vaya,
ya verán, ¡le harán lo mismo…!,
¡en todas partes lo mismo…!

Que este País de ¡¡viciófobos!!
nunca se comportará
con los pobres violadores
como sería justo y lícito.

Dejándolos en la calle
campando por ahí a sus anchas
a gusto y relajaditos.

Y cobrando, ¡¡claro!!, el paro.
O una no contributiva.
O un PER, aunque sea poquito.

¡Qué País, Dios, qué País!

Y, ¡menos mal!, que los Jueces,
y, más aún, los políticos,
y eso, y los policías
de todo lugar y sitio,
¡y hasta la Guardia Civil!,
van poniéndole remedio
hasta donde buenamente
pueden ellos, que si no…,
¡menos mal!, porque si no…,
esto sería ¡¡un circo!!

¡Romano!

Porque aquí, el Pueblo,
si aquí fuera por el Pueblo…,

¡el Pueblo tan agresivo…!,
¡el Pueblo tan vengativo…!,

¡ésos ya estarían colgados!,
¡¡todos!!, de un olmo o de un pino.

¡Desde la primera niña!

¡Ésos ya estarían colgados!
¡Los violadores, sí, sí!,
¡ésos ya estarían colgados!

Pues, en fin; que tenga suerte
usted, señor Alejandro,
que tenga usted mucha suerte;
¡mucha suerte! en esta vida.

Y pueda seguir violando
sin tanto qué y tanto lío.

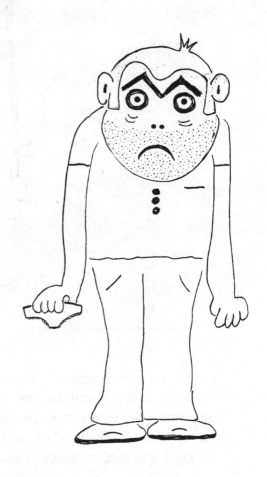

Masuriel

20

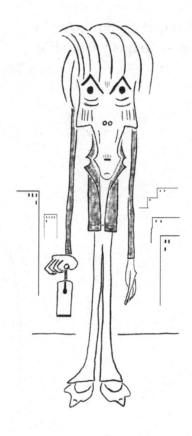

Y siguiendo con los personajes de bandera, en otra línea,
lo que sigue fue el sentido homenaje que le dediqué en su
día a **una gran dama** española que, precisamente,
por cierto, se dedicaba a la política.
Bueno, y que aún se dedica..., creo.

"LA CARA ES EL ESPEJO DEL ALMA".

Ya lo he dicho yo otras veces
en otros trabajos parte
de mis obras carismáticas,
ya lo he dicho muchas veces:
los refranes españoles
son filosofía y arte.

Los refranes populares,
los que de toda la vida.

Que también en este campo
los hay, de intrusos, ¡a manta!

Los refranes populares,
los que de toda la vida
es a los que me refiero,
-repito- los genuinos,
los hechos como Dios manda.

Y hoy, brevemente comento
el que aparece en el título
de este poema, y que es éste:

"La cara es el espejo del alma".

Naturalmente, lo ilustro
con un ejemplo, en persona
muy popular, o famosa;
"¡de bandera!", que diríamos.

Éste de ahora, un ejemplo.

Porque, si yo me dejara
llevar por mis apetencias
e ingentes conocimientos,

estaría sacando a gente
durante dos mil semanas;
porque, ¡anda, que aquí no hay gente!
cuya alma se trasluce
a través de la su cara.

Y, ¡a ver!, vamos a empezar,
como si de un simple juego;
¡a ver!: adivine usted
a quién estoy refiriéndome:

Española -¡toma ya!-,

mujer -aunque hay quien lo duda,
por la pelusa que tiene
en el labio que está encima
del labio de planta baja-,

política con Felipe,
y ahora con Zapatero...,

delgada como la espada
del "Capitán Alatriste...",

entusiasta de los trapos,
y proclive a disfrazarse
por los confines de África...,

aficionada a posar
para revistas de moda
-de moda cara, por cierto,
no de pingajos del "Zara..."-,

sus **manos**, como manojos
de sarmientos, y, sus **dedos**,
con oros en abundancia...,

sale mucho por las teles
dando la jeta -¡perdón!: cara-,
por su veleidoso jefe...,

contesta un poquito histriónica,
y más un poquito **áspera**
a los plúmbeos periodistas,
porque es que la tienen, ¡pobre!,
¡siempre, siempre! cabreada...,
los de "El Mundo", los que más...,

y ella siempre atizándole
al derechoso Zaplana,
y, a la Soraya, ¡¡fritita...!!

¿Qué: se hace ya la idea precisa
de a quién me estoy refiriendo...,
de con quién quiero ilustrar
este castizo refrán:

"La cara es el espejo del alma".

Y, si no así, ¡inténtelo!:
¿qué le dice a usted esa cara,
la que pongo en el dibujo
que hay en la primera página?,
¿le sugiere algo esa cara?

Pues como usted no se aclara,
yo sin rodeos lo digo:

Esa cara, lo que dice,
-y me adelanto yo a usted
porque usted, reflejos, ¡nada!-,

esa cara, lo que dice,
lo que sugiere esa cara

que remata ese esqueleto
de esquemática trazada,

¡esa cara!, lo que dice,
es que, tras de ella, una moza
de una belleza... ¡¡¡interior!!!
completa y extraordinaria.

De una dulzura sin límite,
de una ternura imponente
y de una nobleza máxima.

Lo que refleja esa cara,
es, pues simple y llanamente,
que esa mujer, ¡¡una santa!!

Como Santa Teresita
del Niño Jesús, ¡¡eso es!!

¡Mire!, ¡mire mi dibujo!:
¡¡como Santa Teresita!!

Y ella, un poquito más alta.

                                        Masuriel

21

"Y casi me da uno de mis habituales cólicos nefríticos el día en que vi y oí decir por la tele lo que llegó a verse y a oírse decir por la tele".

Me confesaba Jaume, el amigo que me hacía el comentario acerca de la reciente noticia. Y como ya me ha ocurrido en algún que otro tema, al transcribir yo sus impresiones de aquel día, igual alguna expresión o palabra suena un poquito fuerte, pero es que él me las transmitía así. Ya he tratado de dulcificarlas un poco, pero sin hacer omisiones que habrían desvirtuado la propia narración. O sea, que pido perdón por algunas palabras que puedan sonar un poco fuertes; eran, digamos, necesidades del guión.

Y, en todo caso, esto sí quede claro: yo compartía con mi amigo la indignación -o la alegría- tras de leer la noticia.

¡LA PALMÓ! EL ANTONIO PUERTAS.

¡¡Ay, qué disgusto, por Dios!!,
que la ha palmao Antonio Puertas,
el agresor criminal,
y a traición, y por la espalda,
del Profesor Jesús Neira,

¡¡ay, qué disgusto, por Dios!!,
¡¡ay, qué disgusto tan grande!!

Hoy lo daban por la tele;
día catorce, creo que era,
de Octubre, del Dos mil diez.

Que es que estoy ¡¡tan mareado!!
de la impresión que me ha dado
al escuchar la tragedia...

Que se ha muerto, ¡¡el pobrecillo!!,
¡el Antonio, sí, el Antonio!,
el drogata impresentable
y el borrachuzo, ¡¡qué pena!!,
de una sobredosis múltiple,
según dicen en la tele,
de heroinucha mala de ésa...

¡Qué problemón!, ¡qué catástrofe!

¿¡Y lo que esto supone!:
que ya no podrán juzgarlo
ni ponerle una condena
especial, por su cafrada,
que era lo que él suplicaba
que, cuanto antes, le hicieran,
para así pulgar, ¡cuanto antes!,
su repugnante delito?

Ahora no podrán los Jueces
ponerle lo que él quería,
que era cadena perpetua.

Porque aunque él fuera un ¡¡cafre!!
y un ¡¡drogadicto de mierda!!,
él era un hombre de honor.

Que ha salido por la tele
también un preso amigacho
y compañero de celda,
y eso lo ha dicho él muy serio:
que Antonio, ¡un hombre de honor!

Muy serio, por sus palabras,
que la cara no se ha visto,
que lo tomaban de espaldas,
¡claro!, para no hacer morbo;
no quería que se le viera.

¡La cara! ¡Que otro valiente!

Pero decía que el Antonio
era, ¡¡sí!!, un hombre de honor
y un caballero afectuoso.

Que le faltó decir esto:

Como el Santiago del Valle,
por ejemplo, ¡otro fenómeno!
O como el Roldán.
O el Vera.
O "El Torete".
O "El Vaquilla".
O el Sangrador.
O "El Chaos".
O "El Rafita".
O el Corcuera…

Pero eso: ¡un hombre de honor!

Y un esclavo de la vida,
se le entendía por el tono;

y un esclavo de la vida
ociosa y desenfrenada,
que a él le tendió una trampa
mortal y cacahuetera.

Eso parecía entendérsele.

Pero lo que digo siempre:
que hay cosas en esta vida,
precisamente esta vida,
muy difícil de entenderlas;
por lo menos, para mí.

¡Que sí!, que ya sé que ¡¡un borde!!
donde bordes los hubiera,
y que un total ¡¡hijoputa!!
donde hijoputas hubiera…,

pero era un ¡pobre diablo!,
pero era un ¡pobre infeliz!
que no sabía lo que hacía
porque ¡hasta las cejas siempre!
de la droga guarra ésa.

¡Si es que era una criaturita…!

Yo insisto, y no me lo callo:
me ha dado mucha penita…

de que antes no se muriera.

Para no verlo sufrir.

Que no se me malentienda.
Para no verlo llorar
como a veces lo veíamos
cuando lo traían los guiris
a los Juzgados…, atado…,
los ojos amoratados…,
mal vestido, despeinado…,
y un carita ¡tan tierna…!

Insisto: ¡¡mucha penita!!

¡Y ésta es otra!, ¡y ésta es otra!:

¿Y la infeliz ¡¡¡asquerosa!!!
que le hacía de compañera…,
aquélla que iba diciendo
-¡cobrándolo!- por las teles
que "la culpa del suceso
la tuvo el Profesor Neira
por meterse a fisgonear
entre ella y el Antonio
cuando a ella estaba cascándole…?,

¿y esa infeliz ¡¡¡piojosa!!!,
qué va a hacer desde mañana…?,

¿qué va a hacer la pobre de ella?:

¿¡¡ponerse ella a trabajar…!!?,

¿con lo que eso hace engordarse
del culo y las cartucheras…?,

¿¡¡a eso, ponerse, la pobre…!!?

¿Y de qué, ¡a ver!, de qué,
trabajar, ¡a ver!, de qué?:

¿en un puticlub de Móstoles,
o en uno de Miguelturra,
o en uno de Antequera…,
con la de mafiosos malos
que hay, hoy día, por toda España…?

Ya lo digo: ¡un crudo drama!,
¡una auténtica tragedia!,
lo que hoy ha sucedido.

Que ha palmado, o ha caído,
un hombre ¡¡excepcional!!,
que ya ha pasado a la Historia.

Como ¡¡¡tantos!!! hombres grandes.

Y éste sí que un ¡¡¡personaje!!!:
¡el sanguino! **Antonio Puertas**.

Descanse en paz… ¡todo el mundo!

Que yo no creo que ése vuelva.

(original, 20.12.1966)   Masuriel

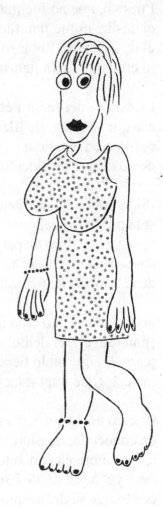

22

¡Bueno…!, y éste fue un caso ya que de ¡tan manoseado!
ya se hizo hasta empachoso. Aunque tuvo su gracia,
¡eso sí! Que en este País hay muchos que todavía se la
cogen con papel de fumar. Los de CiU y todos ésos.

LA SEÑORA ROBINSON.

Pues yo, que no fue ¡tan grave!
el desliz, ni fue ¡tan fuerte!,
el de la señora Robinson,
ni creo que fuera ¡tan sucio!

La esposa del señor Peter,
ése que -decían- de Irlanda,
político en ejercicio,
de no sé qué presidente.

¡Si la pobre iba cachonda…!,
si la pobre iba caliente…,
y, se ve, se abrió de patas
ante aquel ingenuo chico
de dieciocho…, ¡un imberbe…!,

pues, hombre, yo creo que no
¡¡tan grave!!, el delito, o falta,
¡caray!, ¿qué malo tiene eso?,
¡a ver!, ¿qué importancia tiene?

Que yo no es que haya tenido,
de conocerla, ocasión,
a esa señora en concreto…,
pero yo, aquí, desde España…,
por lo que sé del asunto…,
yo creo que ¡una tía estupenda!,
y una tía con buen entente.

Que, por lo que se largó,
cualquiera diría que ¡un monstruo!

Y eso es ¡¡tan exagerado…!!,
los hay ¡¡tan llenos de queses…!!

Por las cuatro guarrerías
que hiciera con aquel pánfilo…

Porque, ¡a ver!, ¿qué hizo?, ¿qué?:
¿abrirse un poco, ya digo,
para un muchachote imberbe
que andaría, ¡el pobre!, ¡a ver!,
-como cualquiera a su edad-
no siguiera, en solitario,
haciéndose polvo el físico…?,
¿tan grave lo es eso, ¡leche…!?

¡Si va a ser pa los gusanos
ese cuerpo sabrosón…!,
¡pa las lombrices soeces…!

¿Qué es eso de que un putón
berbenero, -¡con perdón!-
como dicen los simplísimos?,
¿qué es eso, ¡por Dios!, qué eso…?

Esa señora, ¡una dama
pragmática y consecuente!

Y altruista y desprendida,
y hacendosa y generosa,
y comprensiva y paciente.

Y se abrió como se abrió,
está claro: ¡por patriota!
Por una causa decente.

Podría haber cogido a un negro,
que unas ésas de impresión
se dice que todos tienen…,
pero no lo hizo, ¡¡no!!:
ella, un chavalote autóctono
con una talla…, ¡corriente!

Que todo quedara en casa.

Que, su interés, no era, ¡¡no!!,
lucrarse ni enriquecerse;
lo suyo era ¡patriotismo!,
¡puro y duro patriotismo!

Ahora, ¡eso sí!, y yo lo digo:
yo, al berzas de su marido
sí le habría dado yo entonces
un par de tortas bien dadas
y un palo en el esternón,
por margarino, por vaina,
por gandul y por pelele.

Porque, ¡hombre!, si te casas
con una mujer ardiente…,
-¡que hay gilipuertas con potra!-,

si con una calentorra
de ésas que salen contadas…,

si con una cachondona…,

¡métele leña!, güevón…,
¡leña a diario a ésa métele…!,

y varias veces, ¡¡so vaina…!!,

que no se apague la llama,
¡¡so vago!!, que no se apague…,

¡ya que has tenido esa suerte…!

Que si no le metías leña,
ella se iba a buscar leña,
¡¡so zarramplín!!: ¿no lo veías…?

Y si no podías con ella,
pues hombre, habérselo dicho
entre pucheros, y haciéndote
la víctima, y dando lástima,
que es que eras mariconcín,
y te casaste con ella
por la presión de tus padres
que eran laicos ejercientes…

¡Y quitarte tú de en medio!,
pero eso: con elegancia…

Y dejarla para otro
que a su altura, y lo pudiera…

Pero eso: ¡¡como un machote!!;
en las fotos, aunque fuese.

No como has quedao, ¡¡adoquín!!,
que te ha puesto de ¡¡cornúpeto!!
hasta el novio del "Falete".

O sea que, la culpa, de él,
del tal marido, del Péter,

del berzas braguetipánfilo
que iba por ahí arrastrándose.

Que ya lo dice un refrán
aparente y consecuente:

"Si Antón no monta su jaca,
otro lo hará por Antón:
una jaca es ¡pa montarla!".

¿Qué: está claro?: ¡pues lo dicho!:

Y vamos ya a dejarnos
de tonta palabrería
y de simplezas morales,
que la vida es un sorbete.

Y el que tenga la ocasión
de montar, eso: ¡que monte!

Jaca vieja, o jaca joven.

Que en este Mundo cruel,
¡el papel es el papel!,
y aquí, cada cual el suyo.

Y allí, en el caso de marras,
allí, la señora Robinson,
el suyo, ¡¡perfectamente!!

Y el que no estuvo a la altura,
el simplón del Péter ése;
¡y ya está!, ¡y san seacabó!

Tanta murga en los periódicos,
y tanta murga en las teles,
y tanto tío alarmándose,
y tanta tía indignándose,
y aireando contenidos
de vidas de otras gentes…,

y que si le dio esto a cambio,
y que si él se aprovechó,
y que si aquí y que si allá…,
¡¡hipócritas!!, ¡¡mequetrefes…!!

Escándalo no hubo otro,
allí no hubo otro que éste:
¡el Péter no dio la talla!

Que ¡un pichafloja! esperpéntico,
que estar no supo a la altura
de la hembra que le tocó:
una hembra ¡de banderas!

O sea, que sólo me queda
decir que uno se retuerce
de envidia -de sana envidia-
de aquel niñato asqueroso,
pero que uno ¡se retuerce!

Que, ¡bueno!, cuando yo pille
una de ésas…, ¡yo una de ésas…!,

¡bueno!, a mí no me la quita…,

¡vamos!, a mí…, ¡¡ni el Falete!!

¡¡Ni el Boris!!, ¡¡ni el Almodóvar!!,
¡¡ni el Vázquez!!, ¡¡ni el Juez Marlasca…!!,
¡¡ni el Zerolo…!!:

¿¡a mí…!?,

¿¡a mí…!?,

¡¡ni el mismísimo Elton John!!
me la pisa a mí,

¡¡ni ése!!

Masuriel

23

La siguiente composición, que, como siempre, está hecha
en versos octosílabos de rima disqueasimétrica,
circunstancial y extemporánea, como muchas veces digo,
la hice metiéndome ¡otra vez!, y como siempre también, y
de manera virtual, se entiende, en la mente y en el cuerpo
de otro buen amigo mío que no tiene mi extraordinaria
habilidad para redactar en versos octosílabos de rima
disqueasimétrica, circunstancial y extemporánea,
y que él me hizo a mí este encargo, en confianza.
Bueno, y regular, de amigo. Que Manuelo está hecho un
elemento... Que cuando ve una tía -¡con perdón!-
con los pies bonitos..., ¡el tío se pone...!

¡Pues eso!: que ahí va otra buena andanada de "personajos"
y de "personajas" del País; individuales y en pandilla.
Y éstos, desde los ojos de un crítico muy desencantado.
Y perdón también por si pongo alguna palabrilla un poco
malsonante. Que sería suya, claro, ¡suya!

Y este tema se lo dedico a la memoria de mi entrañable
Tío Joaquín, de Torreblanca, Sevilla, mi predecesor familiar
inmediato en esto de escribir chirigotas: ¡un genio!, mi Tío.
Que ha fallecido este 2 de Septiembre del 2011.
Que ¡qué pena! para todos nosotros, pero ¡qué alegría! para
Dios Nuestro Señor, pues ahora Se lo va a pasar ¡bomba!
con las inacabables ocurrencias de mi Tío Joaquín.

LAS COMPARACIONES SON ODIOSAS.

Yo soy del cuarenta y siete;
del Mil novecientos, ¡claro!;
o sea que ¡sesenta y muchos!,
a la hora en que redactando.

Porque hoy, ya, en el Dos mil once.

¿Y que por qué esto lo saco?:
porque hoy quiero entretenerme
comparando situaciones
de la vida cotidiana
de hoy con la de aquellos tiempos
pretéritos, o pasados,
después de ver por la tele
los curiosos reportajes
que suelen dar por las teles.

Y, en donde más, por "La Cuatro";
y, el programa, "Callejeros".

Y comparar situaciones
de la vida cotidiana
de hoy, Dos mil diez, ya digo,
con situaciones idénticas
de la vida cotidiana
de cuando en tiempos de Franco:
años Sesenta-Setenta…,
de los que yo aún me acuerdo.

De cuando en tiempos de Franco.
¡De Franco, sí, sí: el Caudillo!,
el Dictador alevoso
y capcioso y horroroso
y devorador de niños,
y militar pendenciero,

y esputador de gargajos,
y brutal: del Treinta y nueve
al Setenta y cinco largo.

¡De cuando en tiempos de Franco!
¡El Caudillo, sí, el Caudillo!:
Francisco Franco Bahamonde.

Su nombre y dos apellidos;
para quien lo haya olvidado,
y para quien no los supo
nunca por cuestión de edad.

Que estuvo ¡¡cuarenta años!
Franco mandando en España,
me acuerdo perfectamente.

Y también ¡perfectamente!
de muchas cosas de entonces,
pues que quemé mi niñez,
y arrasé mi pubertad,
y tiré mi juventud;
que yo, así, y hasta los treinta,
en la Dictadura anclado.

Y todo ese tiempo estuve
con mi complejo de víctima;
el que se llevaba entonces.
Pero, en fin; sobreviví,
y eso, ya, en el fondo, es algo.

Y crítico, fui muy crítico,
y observador aplicado.

Y lo sigo siendo aún.

Y hoy, por eso, puedo hacer
comparaciones juiciosas

entre unos tiempos y otros,
entre aquel tiempo y éste.

Como he vivido en los dos,
no creo que disparatado;
creo que, incluso, hasta legítimo.

Y voy a seguir jugando
a un juego muy divertido:
al de las comparaciones.

Muy divertido, y muy cruel
a la vez: se sufre mucho.
Que, ¡siempre!, el mirar atrás
suele terminar en llanto.

Pues, bueno; a lo que íbamos:

Ayer mismo, por "La Cuatro",
por la que sale el Iñaki,
ese prohombre ejemplar
que al Don Pimpón lo repudia
y al De Juana veja ¡tanto!,

pues, ayer, en uno de ésos
que montan los "Callejeros",
en un reportaje de ésos
que con ¡tan simple! formato
como es el de ir por ahí
filmando lo que se pilla
en la calle, por España,

pues ayer iban tomando
tomas de lo que acontece
en muy diversas ciudades
capitales de provincia,
en las que, hoy, el trapicheo,
el droguerío, el puterío,

el gamberreo y el guarreo,
ya alcanzan cotas de escándalo.
Y ¡perdón! por el lenguaje.
Que por eso el reportaje:
porque ya en cotas de escándalo,
y, ya, "alarma social",
como dirá el gran "Pepiño"
cuando ya sea Abogado.

Bueno, ayer, y en otros días,
pues son programas, ya digo,
que se hacen desde hace años.

Y hoy voy a centrar mi análisis
sobre cosas que salían,
y unos breves comentarios.

En "Callejeros" se hablaba,
en ese día en concreto,
de las prácticas usuales
y habituales del Pueblo,
del de la calle, del llano.

Y, hoy, por ejemplo, sacaban
lo de **la prostitución**.

La profesión más antigua
-decían- de la Humanidad.

Lo de cómo se comportan,
pringan, o se desenvuelven,
hoy en día, las de ese ramo.

Los barrios donde se ponen,
las autovías, los caminos,
las áreas industriales,
los parques de uso público,

las carreteras locales,
las áreas de autopistas…,

las condiciones higiénicas
de ellas y de los "clientes…",

el precio de su trabajo…,

si pagan, o no, impuestos…,

si con chulo o si sin chulo…,

si de empresa o por su cuenta…,

si parte, o no, de una mafia…,

si españolas o extranjeras…

Todo ese complejo mundo
tan fascinante para unos
y por otros tan odiado.

Y esto que ahora se ve
por cualquier tele, ya digo,
ahora esto yo lo comparo
con los tiempos del Caudillo.
Lo que yo recuerdo de ello.

¿Que había prostitutas?: ¡¡claro!!,
¿cómo no haberlas, si lo es
el oficio más antiguo,
-según todos-, y que viene
desde antes de que Adán
y Eva emparejados?

¿Que si en tiempos del Caudillo,
había prostitutas?: ¡¡¡sí!!!

Pero ¡dentro de sus casas!,
o ¡dentro de unas casas!;
que ésta, la gran diferencia
con el hoy que nos afecta.

¡Dentro, sí! Y ¡tan ricamente!
Lo que no era permitido
cuando mandaba el Caudillo,
lo que entonces ¡ni pensarlo!,
era que unas ¡pobres hembras!
llenas de hambre o de avaricia,
se ofrecieran como objetos
en medio de la vía pública,
como si vender la ética
y vender la carne humana
fuera un folclore simpático.

Entonces, en aquel tiempo,
en los tiempos del Caudillo,
había que guardar las formas;
al menos, eso: las formas.

El fondo era igual: ¡las formas!

Se guardaba, al menos, algo.

Y se guardaban, ¡seguro!

Y las putas, ¡en sus casas!
Que hicieran lo que quisieran
o hicieran lo que pudieran…,
¡pero dentro de sus casas!

Y pagaran, por lo menos,
lo de la Contribución.
Que, por cierto, ¡cosa ínfima!
en comparación con hoy.

¡Pero dentro de sus casas!

¡Y ojo con pasarse un gramo!

Y que la Guardia Civil,
la Policía Nacional
o la Policía Urbana
no las pillara en la calle
disfrazadas de "pilinguis…",
que ¡derechas al cuartel!,
¡y salían con cara nueva!

Pues compárese con hoy.

El reportaje dejaba
-en este caso, en "La Cuatro",
insisto- ningún lugar
a la aoristia o a la duda
de cómo estaba mejor
lo de la prostitución:
si en las calles, o en las casas.

Testimonios y opiniones,
se ofrecían ¡a capazos!

Y ganaba ¡por goleada!
lo de que ¡¡¡mucho mejor!!!
cuando en los tiempos de Franco.

¡Qué chungo!, haber de admitirlo.

Y, en ese o en otro día,
pues, reportajes, ya he dicho,
¡la tira! se siguen dando,
y en ese o en otro día,
los valientes "Callejeros",

también sacaban el tema
de los que empinan el codo,
o séase, **los borrachos**.

Y lo mismo: en las ciudades
más importantes de España,
cómo se anda en este aspecto:

cuántos hay, cómo están,
dónde viven, dónde duermen,
dónde comen, dónde orinan…,
cómo obtienen el alcohol…

Los borrachos miserables,
eso sí, que no los ricos;
que los ricos no en las calles,
ni andando por ahí tirados.

Y espectáculo ¡¡patético!!:
borracho y pobre, ¡¡patético!!
Que hasta mentira parece
a lo que hemos llegado.

¡Y a comparar otra vez!:

¿Que si había borrachos?: ¡¡muchos!!;
borrachos ha habido siempre;
también en tiempos de Franco.

Ya desde que Adán y Eva
pisaban uvas los dos
y el vino iba regalado.

Que como allí no había fábricas,
y él iba por cuenta propia
-Adán-, ni había "Mercadonas"
ni "Lídeles" ni "Caprabos…",
y ella todo el día aburrida…

Borrachos ha habido ¡siempre!

Pero, y muy concretamente,
cuando en los tiempos de Franco,
de barbaridades, ¡pocas!
Los borrachos, muy, ¡¡muy pocas!!,
barbaridades, ¡¡muy pocas!!

Y lo de la borrachera
no sería un atenuante
si hacían una fechoría,
fuera del cariz que fuera.

El que se pusiera "eufórico",
ya sabía que se arriesgaba
a que los mismos de antes,
Guardia Civil, Policía,
Municipales, etcétera,
le "neutralizaran" ¡rápido!
la borrachera, ¡¡a hostia limpia!!

Ni multas ni leches: ¡¡a hostias!!

Ni Jueces ni gaitas: ¡¡a hostias!!

Y ni obras subvencionadas,
ni granjas subvencionadas,
ni casas subvencionadas,
ni oenegés subvencionadas…

Eso, ¡ni se había inventado!,
negocios con ellos nada:
¡¡hostias!!, ¡¡hostias!! ¡¡y más hostias!!,
eso es lo que había con Franco.

Pero los borrachos no eran,
como hoy, un peligro público.

Y hablemos de otro asunto:
de los crímenes de amantes,
o **"crímenes pasionales"**,
como hoy se les denomina;
o de "violencia de género",
dicho ya en palabras finas.

El reportaje al respecto
lo ilustraba ¡matemático!

Con testimonios anónimos,
la mayor parte de ellos,
que el pelo ponían de punta.

Y otra vez a comparar,
y otra vez a lo obligado:

Con Franco, violencia, ¡¡mínima!!
en este aspecto concreto.

Una mujer maltratada,
tan sólo tenía que irse
al cuartel que más a mano
y decir que su marido,
o su novio, o su quien fuera,
le había tentado la cara,
y aportar pruebas fehacientes.

Ni "brigadilla especial
de seguimiento instantáneo
del maltrato a las mujeres",
ni gilipolleces tácticas
con móviles, pulseritas,
radares, mapas, chivatos…:

¡el Comandante de Puesto!,
ése era el que se encargaba
de poner orden allí.

El Comandante de Puesto
llamaba al "maltratador…",
"le leía sus derechos…",
y ése no volvía a ponerle
a su mujer, a su novia,
o a su quien fuera que fuera
-que "compañeras" no había-
la mano encima, ¡¡¡seguro!!!,
ése no volvía a ponérsela.

Antes cogía la maleta
y tiraba para Australia,
que, entonces, curro sobrado.

Del cuartel salía sabiendo,
con un anticipo a cuenta,
¡¡la tunda!! que le aguardaba
como él volviera a pegarle
a su mujer, a su novia
o a su quien fuera que fuera.

Igual que hoy, ¡claro, claro!

Y otro tema interesante:
el tema de los calés.

De los **gitanos** "rebeldes",
de ésos que ¡tan poco amigos!
del pico, la pala, el hacha,
el azadón, el arado…

Desde antes de Adán y Eva
hay gitanos en España.
Y, sus costumbres, ¡idénticas!
a las de hoy, ¡totalmente!,
¡completamente las mismas!

Pero, entonces, cuando Franco,
los gitanos que enemigos
de la rutina del pito
o el vender en mercadillos,
todos ésos, dedicándose
a ir vagabundeando.

Arreglando sillas viejas,
cacharrillos de hojalata...
Pero en ningún pueblo fijos
aquéllos que no currando
en algo serio y legítimo.

Los "rebeldes" -pues que en esto,
como en todo, los había
gitanos que eran entonces
trabajadores magníficos-,
los "rebeldes": ¡¡aire!!, ¡puerta!,
pues por todos repudiados.

Y "Los Civiles", marcándolos
bien de cerca y bien estricto.

Así andaban los gitanos
que odiaban el madrugar
y el tragar en una fábrica,
o el tragar en una obra
o el tragar arando el campo.

Y cuando vivía el Caudillo
no reivindicaban pisos
gratuitos, o regalados,
como hoy en día reivindican.

Ni como hoy en día lo hacen
-para vergüenza de todos-
algunos, que dedicados
a cosas tan despreciables

como andar vendiendo drogas…,

o a presentarse en las obras
para hacer de "vigilantes",
pues, si no, allí "habrá problemas…",

o a estar siempre aprovechándose
de todo tipo de "ayudas"
de la Asistencia Social…

Todo este mal cachondeo
que, hoy, conocido y sabido,
que se traen ciertos gitanos
que avergüenzan a su raza,
pues todo este cachondeo,
pues ¡¡nada de eso!!, con Franco

¡¡Derechos como una vela!!,
iban todos los que zánganos.

Que allí: o ganarse la vida
decente y honestamente,
-como muchos ya lo hacían-
o ¡a vagar por los caminos!

Pero, cachondeo, ¡¡ninguno!!

O sea, igualito que hoy.

¿Y **"okupas"**, como hoy los hay
en las principales urbes…?

De esto no podré dejar
mi parte del comentario,
pues que entonces ¡¡ni existían!!

En los tiempos del malvado,
los "okupas", ¡¡ni existían!!
No existía ni esa palabra.
Ésos son cosa de hoy.

Y un reportaje reciente,
también éste por "La Cuatro",
sacaba "okupas" autóctonos
y "okupas", pues... adoptados
de todas partes del Mundo.

Y allí, ¡todos! esforzándose
en ver quién lo hacía mejor.

¡Bloques!, plagados de "okupas",
¡bloques enteros! de barrios:

"Yo, una patada a la puerta",
"yo entré por esta ventana",
"yo despanzurré la verja
y ahora la ato con alambres...",
"yo aproveché que su dueño
estaba de vacaciones...",
"yo, como no tengo piso...",
"yo se lo quité a una anciana
que se había ido al Rosario...".

¡Y unas exigencias todos...!,
¡y unas insolencias todos...!,
¡y unas violencias todos...!
¡y unas actitudes todos...!

Yo sólo quiero añadir
que a estos "okupas" valientes
me habría gustado a mí verles
ante dos Guardias Civiles,
¡sólo dos Guardias Civiles!,
de los de antes del Roldán.

A ver si a ellos les tiraban
piedras, y les escupían.
Eso a mí me habría gustado.

Y había mangantes **políticos**,
o políticos mangantes,
-cambiando otra vez de tercio-,
¿cómo no los iba a haber?:
mangantes ha habido siempre;
desde Adán y Eva también;
que Eva ya a él lo enredó
y lo embaucó, ¡al pobre diablo!

Pues cuando en tiempos de Franco,
también mangantes políticos,
¿cómo no los iba a haber?

Los había…, pero poquitos.

Comparándolos con hoy,
¡una menudencia!, ¡¡¡nada!!!,
¡¡diecisiete veces menos!!
que los que hoy soportamos.

Y sobre este tema ha habido
más de un reportaje, ¡más!;
y desde diversos ángulos.

Y digo que había poquitos
cuando en los tiempos de Franco
porque ¡¡¡una!!! Administración,
y con ¡¡¡una!!!, suficiente,
¡¡¡una!!!, y para toda España.

Total, para dar por saco
y para tocar los huevos…,

-¡perdón, perdón!: los bolones-,
con ¡¡¡una!!! ya había de sobra.

Hoy, ¡¡diecisiete!!, y subiendo.

¿Lo es, o no, esto ¡¡una ruina!!,
¡¡y un abuso!!, ¡¡y un escándalo!!?

¿Que podría alguien decirme
para qué tantos políticos?,
¿¡¡¡tantos y tantos políticos!!!?

Y, si hablar de ayuntamientos…,
bueno, esto ya es ¡¡la rehostia!!

Los menciono porque ésos,
-ayuntamientos, recalco-,
son los responsables teóricos
de mantener el buen orden,
y ésos salen retratados
constante y pertinazmente
también en los reportajes.

¡Y a comparar otra vez!

Antes, los ayuntamientos:
un Alcalde, un par de Guardias,
un triste Administrativo,
un Alguacil…: ¡sencillísimo!

Para ir mangoneando
los cuatro impuestos que había,
¡pues ya está!, ¡no había más!

¡Y claro que unos mangantes!,
¡y claro que unos corruptos!,
¡y claro que unos chupópteros…!,
pero, ¡leche!: ¡¡eran poquísimos!!

Y hacían casi nada, o nada,
pero eran eso, ¡¡poquísimos!!

Y te dejaban vivir;
los viejos ayuntamientos;
que, al menos, de positivo,
aquéllos tenían algo.

¿Que querías ponerte un kiosco?:
pues te cogías cuatro tablas
y te lo hacías tú mismo,
te lo instalabas, ¡¡y punto!!:
y a vender pipas y chufas
y altramuces y tebeos
y cacahuetes…: ¡¡y punto!!

¿O que querías dedicarte
al transporte, con un carro
o una bici que tenías?:
¡pues, hala!: tú, transportista;
nadie se metía contigo.

Una triste tasa mínima,
y ¡hala, a rodar por ahí!,
y ¡hala, a buscarte la vida!

Como si querías vender
huevos, conejos, gallinas,
-que tú criabas-, o espárragos
o leña que rebuscabas,
o setas, o caracoles…:
tú te salías a la calle,
tú te los vendías, ¡¡y punto!!

Como si te dedicabas
a coser y a hacer vestidos,
o te ponías un banquillo
para reparar calzado,

o te ponías a hacer churros
en la puerta de tu casa
y los vendías a la gente…,

o a acarrear agua a cántaros…

Te venía el Municipal,
te ponía una tasa mínima,
prácticamente simbólica,
te la cobraba allí mismo,
de lo que te habías sacado,
y, ¡hala!, ya eras industrial,
y, ¡hala!, a seguir trabajando.

Pues todo esto que cuento
como si fueran simplezas,
pues esto era lo que había
cuando en los tiempos de Franco.

Y, éstos, sólo unos ejemplos,
unos mínimos ejemplos
para no hacerme pesado.

Que, ¡ande!, atrévase hoy día
a hacerlo alguien, ¡atrévase!,
verá lo fácil que es,
y qué fácil se lo ponen,
y qué "poquito" le cobran
hoy día los ayuntamientos,
¡ande, sí, sí, ande, anímese!

¿Y de la seguridad?
Seguridad ciudadana,
quiero decir, concretando.

Los reportajes, hoy, sacan,
-y ya insisto en "reportajes"
en plural, pues ya son ¡muchos!,
no sólo los "Callejeros"-,
los reportajes, hoy, sacan
situaciones alarmantes
acerca del raterío,
el ladroneo, el rapiñeo,
el hurterío, el timerío,
el pillerío, el saqueo…

En Barcelona, en Bilbao,
en Zaragoza, en Sevilla,
en Valencia, en Salamanca…

Bueno, esto es ya, ¡de película!,
esto es ya, ¡hasta de premio!,
el ver cuántas agresiones
a los bolsillos extraños,
y el ver cuánta impunidad
para robar, en España.

¡Vamos!, que ya hasta te cuentan
los ladrones hasta cuánto
pueden robar, sin que sea
delito considerado;
¡hasta eso! te lo dicen.

¡Y partiéndose de risa!

Y si el ladrón un menor,
pues impunidad total.

Que, por eso, ¡como setas!,
hoy en día, ¡como setas!,
los ladrones pululando.

Y aquí, extenderme en anécdotas

comparándolo a los tiempos
de Franco, sería larguísimo;
aquí sí sería larguísimo;
para tres libros o cuatro.

Si acaso, sólo un detalle
de cuando yo me criaba.

Que es que si a alguien "sospechoso"
de ser ladrón lo pillaban,
tenía que esmerarse ¡¡mucho!!
y demostrarlo ¡¡muy bien!!,
de qué vivía y qué hacía.
Que, si no, ¡¡hostias al canto!!

Y si con una cartera,
una joya, un reloj,
un saxofón, una radio…,
y veían que no era suyo…:
¡¡hostias y hostias y hostias!!

Ya sé que era un poco bestia,
pero eso era lo que había:
para los rateros, ¡¡leña!!
Los ladrones de las calles,
los ladrones en plan pobre,
¡¡leña, y más leña, y más leña!!

Los que había "de guante blanco",
a ésos ya ni los veíamos;
ésos, ya, con otro código.

Ni de ésos hincapié
se hace hoy en los reportajes.

Que en eso ¡nada! ha cambiado.

…

Y, en fin, ya digo: ya acabo.

Y, en fin, pues que de esto iba
y, en fin, pues que de esto van
los reportajes diarios
de la vida azarosa.

¡Y muchísimas más cosas!,
que comentaré otro día.

Los mejores: "Callejeros",
a mi gusto; por "La Cuatro".
Para denunciar, ¡magníficos!,
un gran equipo, sin duda.
Y muy teatreros también,
que eso también lo he notado.

Se meten en todas partes,
se desplazan donde sea,
se arriesgan lo que haga falta…

Para filmar los peligros,
problemas y situaciones
de estrés e inseguridad
que hoy día sufren, en España,
los afortunados vivos
del Pueblo fiel y olvidado.

Y he comentado unas cuantas.
Que seguiría comentando,
¡¡cosas, y cosas, y cosas!!,
pero es que no acabaría;
ya lo digo: ¡interminable!

Y es que tengo que acabar.

Y me tengo que salir
ya del cuerpo de mi amigo,

pues que me estoy ya empezando
a calentar y a cabrear
también por comparación,
y por mis propios recuerdos
con los suyos contrastados.

Que yo también mayorcito,
y hasta los treinta, con Franco.
Y por esto lo comprendo,
o, mejor, lo comprendía,
y compartía sus críticas
el día en que me los contaba
y el día en que los comentábamos.
Y yo concluyo, hoy, como él:

¿Que entonces mejor que ahora?,
¿que mejor antes que ahora?:
¡pues, hombre!, todos luchábamos
para cambiar aquel Régimen.

Todos, bueno, o casi todos;
la mayoría, sí luchábamos.

Y casi todos soñábamos
con otro orden más justo
que nos decían que existía
en otros países serios…,
o creíamos que existía…

Y como todo al final
llega, pues también llegó
a España lo que anhelábamos:

la libertad absoluta,
la libertad integral
y la libertad sin límites.

Y en la libertad estamos.

Y los ¡tantos! reportajes
que hoy se pasan por "La Cuatro",
-y por otras, ya lo he dicho-,
pues ahora, pues me traen,
-¡que quién me lo iba a decir!-
¡un porte! de pesadumbre
y ¡un porte! de desencanto.

Por los problemas ¡¡¡tantísimos!!!
que hoy padecemos los pobres
que en el total desamparo.

Y, "La Cuatro", socialista,
comunista, progresista,
ecologista, abortista,
subvencionista, arribista…,

"¡La Cuatro!", ¡todo progreso!
y ¡todo talante fáctico!
-lo he dicho: allí ¡hasta el Iñaki!-,
pues, ¡qué cosas tan curiosas!
"La Cuatro", hoy, denunciándolo.

Situaciones esperpénticas
y tremendamente insanas,
y profundamente injustas,
y completamente amargas.

Y las teles "progresistas",
hoy en día, denunciándolo.

O sea que la conclusión,
la de mi amigo y la mía:

que nos han tomado el pelo,
y que nos lo están tomando.

Porque si la "libertad"
era este ¡¡¡cachondeo!!!,
casi ¡¡mejor!! como estábamos.

O sea que, la conclusión:
¡que nos han tomado el pelo,
y que nos lo están tomando!

¡A los pringaos!, ¡a los pobres!,
¡a los tontitos del culo!
que ¡¡todo!! nos lo tragamos.

O sea, que ahora haría falta,
¡¡hoy, sí!!, como mal menor,
-y ¡¡¡tantas!!! veces lo he oído
¡¡¡a tanta y a tanta!!! gente-,
que, en España, otro Caudillo
como Don Francisco Franco,

pues hoy, por comparación
con la ¡¡horda de mangantes!!
que a él le dieron el relevo,
Don Francisco Franco era,
a todas luces, ¡¡¡un santo!!!

La conclusión dolorosa
que sacamos yo y mi amigo,
o mi amigo y yo sacamos.

Para el que vive normal
y jamás disfrutará
de un chollo a dedo otorgado,
pues pasa de la política
y aborrece el mangoneo,
para ése, ¡¡mejor con Franco!!

¡Triste!, pero hay que decirlo;
yo, al menos, no me lo callo.

Ahora, que yo, ya lo digo:
después de estas reflexiones
y de estos comentarios
que yo me hago, yo, mañana,
cuando a mí me vengan éstos,
los políticos de hoy,
¡la patulea de mangantes!,
con una nueva campaña
para lo de ir a votar,
yo ya lo tengo ¡¡¡clarísimo!!!

Sobre cualquier papeleta
de cualquiera "opción" política
de las que, hoy, en la comparsa,
yo, sobre cualquiera de ellas,
pondré, a boli, en grande: "¡¡¡Franco!!!".

Yo pondré que voto a "Franco".

Con pena, pero ¡con rabia!:
yo pondré que voto a "Franco".

¡La de carreras que di
yo, delante de "los grises…!",
¡la de carreras, mi amigo…!

¡Qué pena, por Dios, qué pena!

Pues ésta: votar a "Franco",
ésta va a ser mi manera
de decirles a esta harca
de corruptos y de estúpidos
que prefiero a un enemigo
que dio la cara ¡¡¡de frente!!!,
que no como ellos: ¡¡¡bastardos!!!

Y, ¡sí!, ya lo sé, ¡sí!: ¡¡nula!!,
la mía, ¡"papeleta nula"!
Que todo ya está acordado
para que no ocurra nada
que destartale este títere,
¡si ya lo sé!, ¡¡ya lo sé!!

Pero yo votaré: "¡¡¡Franco!!!".

Siquiera, como disculpa
póstuma hacia aquel señor,
a aquel señor Dictador.

A aquél al que ya la Historia
está poniendo en su sitio.

Y no en un puesto muy bajo.

Casi en un puesto de honor.

¡Qué pena, Señor, qué pena!

¡Cuánto tiempo se tiró…,
y lo seguimos tirando!

Masuriel

24

Llegó a mis oídos como una de las anécdotas
de la vida del gran compositor, pero yo saqué
mi propia conclusión. Y la escribí en versos.
Para que quede claro mi posicionamiento.

¡Que yo no me caso con nadie!

LE PODÍA LA VANIDAD.

Cuentan que una vez a **Mózart**,
el genial compositor,
se le acercó una muchacha
de dieciséis-diecisiete
para pedirle:

-   Maestro…,
    quiero que usted, ¡por favor!,
    me diga cómo se hace
    una sonata, Maestro…

-   No sé decírtelo, guapa.

Le contestó serio y áspero.

-   Pero usted compuso muchas…,
    y cuando usted aún lo era
    mucho más joven que yo…

-   Ya, guapa, pero yo, guapa,
    no tuve que preguntar
    cómo se hacía una sonata:
    ¿lo entiendes, guapa, o no?

        …

Desde que leí esta anécdota
me hice la idea de que el Mózart,
igual un poquito borde.

No darle una explicación
a la candorosa niña
de cómo una sonata…,

¡con la ilusión que le hacía
hacer a ella una sonata…!

Que, igual por el desengaño
se tiró al porro y las drogas,
y en eso ya se perdió.

Y es que a los triunfadores
por cualquier cosa en la vida
habría que recordarles
que lo han de ser generosos;
sobre todo, con los jóvenes.

Compartir sus experiencias,
su primera obligación.

Traspasar a los demás
las artes y las destrezas
que a ellos les ha dado Dios.

Pero el Mózart…, me parece
que esto no entraba en sus cuentas,
ya digo…, ¡y que un egoísta!

¡Cuán diferente! a "El Koala",
a "Los Mojinos", al "Dyango",
al "Ramoncín", al "Sabina",
al "Bosé", a los "Estopas",
al "Melendi", al "Raimón…".

La vanidad le podía,
por desgracia, al Mózart ése.

Que, igual, ¡hasta hormigófilo!

Que, igual, ¡hasta maricón!

Masuriel

25

Las malas lenguas de los peperos dicen que su
etapa como Presidente fue un desastre para
España, pero eso no lo dicen nada más que por
maldad. Porque, ya desde la cuna,
aquel personaje fue un ser muy especial.

Y para ilustrarlo, aquí va una nota más de su
etapa infantil. Para ilustrarlo y para sacar una
conclusión lógica y de justicia,
y contradecir y afearles su conducta a los peperos.
Y de muy buena tinta, la nota.

Y este tema tengo el gusto de dedicárselo a
¡dos valientes! a quienes admiro, y ellos saben
por qué los admiro: a Natalia y a Jordi.
¡Ah!, y no se lo dedico porque en alguna etapa
de sus vidas hayan sido admiradores también del
protagonista, ¡no, no!, por eso no es.

¡LO QUE ES LA VIDA!

Se cuente lo que se cuente,
se diga lo que se diga,
ahora, ya pasado el tiempo,
es cuando puede decirse
que era un niño ¡encantador!

El señor **ex Presidente
González**: ¡encantador!

Cuando niño, ¡encantador!

Todo el mundo lo quería.

Hasta el chico repelente
que con él en el pupitre
-un tal Alfonso- sentía
por él un profundo afecto.

Y el Maestro, un tal Tierno,
también ¡¡mucho!! lo quería.

Y otro: un tal Barrionuevo.

Y sus primos…, y sus primas…

Por quererlo, ¡hasta su abuelo!,
quien, cuando cumplió los siete
-el niño- pues ese día:

-    ¡Toma, Felipito!: ¡¡un duro!!,
     para que te compres cosas;
     por lo ¡¡tan bueno!! que eres.

Pero, ¡no!, aún no sabía
¡¡lo bueno!! que era su nieto.

-	¡A ver: ¿y qué te compraste
con el duro que te di?,
-le preguntó al día siguiente,
con una sonrisa pícara-,
¿y qué te compraste?, ¡a ver!

Y el niño va y le responde
con su angelical sonrisa:

-	Pues el duro que me diste…,
abuelo…, pues se lo di…,
¡se lo di a una viejecita!

¡Mira!, ¿qué le dijo el niño?:

-	¿A una viejecita, dices…?

¡Ay, qué detalle tan lindo!,
¡ay, qué obra tan bonita,
hijo mío…! Y, oye, ¿y qué fue
lo que tenía la ancianita
que te conmovió?, ¿y qué fue?

-	Caramelos, chicles, pipas…

…

¡¡Y eso!!, y además de bueno,
el Felipito, de niño,
¡tenía unas salidas…!

¡Lástima! que, cuando grande,
cuando mayor, lo perdió,
¡¡todo, todo!! lo perdió:

su sonrisa angelical
se tornó en mueca neocínica…,

su llaneza en malas artes,
su nobleza en juego pútrido,
su vocabulario límpido
en alud de groserías…,

sus lealtades en traiciones,
su dulzura en acritud,
su complacencia en descaro,
su largueza en avaricia…

Que ¡hay que ver el descalabro
que hace en algunas personas
el dinero y la Política!

Masuriel

26

¡¡Por fin lograron su sueño!!: en el Verano del Dos mil diez, los que se decían defensores de la vida y de la integridad de los animales conseguían del "Parlament", con los votos de todo el arco de las Izquierdas piadosas, la aprobación final de la ley para que queden prohibidas las corridas de toros en Cataluña.

¿LOS ANTITAURINOS, DEFENSORES?

El otro día por la noche
tuve una enganchada buena
con un fulanete amigo…,
-bueno, amigo, pero poco-,
de ésos que, cuando aprobaron
los políticos la ley
con todo eso de prohibir
aquí lo de las corridas,

-quiero decir las de toros;
de las otras, aún se puede;
¡ah!, y aquí es: Cataluña-

pues, cuando eso se aprobó,
se puso el tío a saltar
con una satisfacción,
un alborozo, un gustazo…:
¡¡satisfechísimo!!, el tío.

Y ya digo: la otra noche,
con él, pues un buen broncazo.

Y es que me llegué a su casa
a que ya me devolviera
un libro que le presté
hace ya casi tres años,
-*"No era su día"*, ¡una joya!-,
y llego a su casa -digo-
y me lo encuentro a él echándole
un espray a los mosquitos,
con ¡una cara de sádico…!

"Pero…, ¿qué haces tú, ¡cobarde!?:
¿matando a hijos de Dios,
a animales inocentes

de los que Él ha creado
para esta Tierra bendita…?,
pero, bueno…, ¿tú estás loco,
o es que te falta un tornillo,
¡so bestia!?, ¿qué estás haciendo?

Esas criaturas de Dios
tienen derecho a vivir;
son seres ¡¡maravillosos!!,
en los que Él se ha recreado
como en cualquiera otro ser,
son seres ¡¡maravillosos!!:

cabeza, tórax, abdomen,
extremidades, estómago,
vista, oído, olfato, tacto,
aparato genital
para su reproducción
y para alegrarse un poco…,
aparato digestivo…,
sistema circulatorio…,
un poquitín de cerebro…:

¡igualitos que los toros!,
¡¡igualitos que los toros!!

O los linces, o las hienas,
o los buitres, o las bichas,
o las ranas, o los lobos,
o los ñús, o los caballos…,

¡¡o los hombres…!!

                    Son criaturas
extraordinarias y únicas
todos y cada uno de ellos,
y uno a uno, ¡y todos ellos!,
hechos porque a Dios le plajo.

¿Y tú ahora Se los matas…?,

¿y no se te cae la cara
de vergüenza, ¡¡carnicero …!!?

Si a ti tanto te horroriza
que maten a un toro bravo,
¿no te horroriza ¡¡abrasar!!,
matar a ¡miles y miles!
de animales indefensos?

Que yo, por cierto, te alabo
sinceramente te alabo,
el que defiendas la vida,
y el que defiendas al toro
como defiendes al toro:
sinceramente te alabo,

pero, hombre, sé coherente,
ten un poquitín de lógica,
no metas la pata ahora,
no te emplees en ¡¡masacrar!!
a pobres animalitos
rociándolos con veneno…,
que se mueran retorciéndose...

Porque serás un hipócrita,
y un cruel, y un desalmado.

¡Y un asesino!, además.

Que así serás uno más;
tú, uno más, como todos,
de los que reniegas ¡tanto!

Uno de los de tu especie;
que el depredador más drástico
y terrible de la Tierra.

¡Tan drástico! y ¡tan terrible!,
que hasta mata por placer.

¡El hombre, sí!, te lo aclaro.

¡Y tú un hombre!, ¡y tú un bárbaro!

Como los que matan toros.

Tú, exactamente lo mismo:
un criminal asesino
salvaje y despiadado.

¡Como los que matan toros!

Eso es lo que serás tú,
esto es lo que eres tú ".

¡Sí, sí, sí!, y seguí atizándole.

Y porque el tío se calló,
que, si no, llego a las manos:
¡pedazo de sinvergüenza…!

¡Todo el día! dando por saco,
-él y todos esos cínicos
que conforman su cuadrilla-,
con eso de "defender
la vida del toro bravo…",

y luego haciendo lo que hace
contra seres indefensos…

Y, bueno, ya no lo digo
los filetes que se mete,
¡el hijoputa!, de carne.

¡Porque tiene un pico el tío...!

En fin; pues a lo que íbamos,
pues, en fin, a lo que vamos:
que el otro día por la noche
tuve una enganchada buena
con uno, que amigo mío.
Bueno, amigo, pero escaso.

Y, bueno, enganchada, no;
que el tío no se atrevió
a plantarme cara o algo,
¡que si se llega a atrever...!

Si ¡¡¡todos!!! son como él;
¡¡¡todos!!! los de su cuadrilla;
a mi no me cabe duda.

¡¡¡Todos!!! ésos que presumen
de sensibles y amorosos,
¡¡¡todos, todos!!!, como él.

Yo, esto lo tengo ¡muy claro!:
¡¡¡todos, todos!!!, como él.

¡¡¡Todos!!! los que revolcándose
de alegría y de alborozo
porque logrado que el toro
ya no se mate en las plazas
de Cataluña: ¡¡¡prohibido!!!

Como le gusta a la Izquierda:
¡¡prohibido!!, ¡¡censurado!!

Y hombre y mujeres: ¡¡¡todos!!!

Y digo esto, porque luego,
-que él acabó confesándomelo
en su momento: ¡pardillo!-
¡¡¡todos!!!, o eso, o casi todos,
-salvo la honrosa excepción-,
se fueron luego a comer
después de la votación
del "Parlament". Casi todos.

¡Claro!, para celebrarlo.

¡¡¡Todos los tíos y las tías!!!

A darle cuerda y vidilla
al Gremio de los sablazos.

¡Y hala ciglas asadas,
y hala sardinitas fritas,
y hala filetes de cerdo,
y hala filetes de atún,
y hala muslitos de pavo,
y hala platos de embutidos,
y hala bistecs de ternera,
y hala platitos de angulas,
y hala conejos asados…!

Y luego, cuando en sus casas,
haciendo lo que mi migo,
-bueno, amigo, pero poco-,
es decir: ¡¡¡asesinando!!!
a infinidad de animales
que en la Tierra con nosotros
por la voluntad de Dios.

Pero, es que ¡claro!, es que estorban;
por lo tanto, no hay piedad;
la piedad no llega a ésos:

las hormigas, los mosquitos,
las moscas, las cucarachas,
-éstas, ¡odio visceral!-,
los ratones, las avispas,
las ratas, los caracoles
que se comen sus macetas,
el pulgón…

        Y ya no hablo
de si pulgas o piojos:
ya, ¡¡la extinción faraónica!!

¡¡Con lo que sea!!, ¡¡como sea!!,
que ésos no tienen derecho
a vivir: ¡¡¡a exterminarlos!!!

Y las ladillas, ¡bueno, ésas…!

O sea, que una gran mentira,
que ¡otra horrorosa mentira!
de todos los que se cuelgan
el distintivo en el pecho
de: "defensor de la vida".

¡Mentira! de ¡¡mentirosos!!

Otra mentira ¡de escándalo!
de esa gran horda de cínicos
que ahora se están muy felices
porque ya, aquí, en Cataluña,
¡por fin!, aquí ya han logrado
que a los toros, ¡a los toros!,
no se les mate en las plazas.

¡A los toros!
        Que a las vacas
eso da igual, no hay problema

que sigan ejecutándolas
por ahí, en los mataderos;
¡¡aterraditas!! del pánico;
por la espera y los mugidos
de las que van por delante.

Toda esa horda de hipócritas.

¡De asesinos y de hipócritas!

Y no hay que darle más vueltas.

Que mucho ir presumiendo
de querer mucho a los toros
-que llaman más la atención,
y así se hace más política-
y luego van por ahí
matando a diestro y siniestro,
¡los muy bestias!, ¡los muy cínicos!

Ahora, que yo, ¡¡ahora mismo!!,
¡¡a fregar suelos!!, tirados.

¡¡A todos!!: ¡¡a ellos y a ellas!!

¡¡A fregar suelos a todos!!

Bueno, o, mejor, los ponía
delante de un toro bravo.

¿No dicen que son "amigos"?:
pues, ¡hala!, un besito, hermano.

                                    Masuriel

27

Y otro tema que en la rabiosa actualidad se mantiene, por desgracia, desde hace tiempo.

Yo creo que acoger a los ciudadanos que llegan del Tercer Mundo empujados por la miseria y el miedo debería convertirse en una norma de obligado cumplimiento para todos los ciudadanos del muy afortunado Primer Mundo, vaya esta opinión mía por delante.

(Por cierto: ¿y cuál será el Segundo Mundo?).

Bueno, ¡pues eso!, pues lo que digo: que todos deberíamos acoger como hermanos a los que nos llegan en malas condiciones, pues que todos somos, lo queramos o no, hijos de Dios e iguales…, sólo que viviendo en circunstancias y en lugares diferentes que ni las unas ni los otros los hemos elegido ninguno de nosotros, por cierto. O sea, que deberíamos ser todos nosotros, simplemente, un poquito consecuentes.

Aunque, bueno, también he de reconocer aquí que en España sí ayudamos ya mucho a los pobrecitos inmigrantes; porque no olvidamos que nosotros también lo fuimos casi en todas las épocas. Emigrantes.

LOS "SIN PAPELES".

Dice divina sentencia:

"A los hombres, por sus actos los conoceréis".

Ni pitos, ni chistecitos,
ni rollitos, ni cuentitos:
¡por sus actos!, ¡por sus obras!,
sólo eso irá en la balanza.

Y este muy tajante dicho,
cierto es que podría cuadrar
para abordar mil caminos
de lo que a diario pasa,
pero hoy quiero traerlo a cuento
por un asunto importante,
relevante y preocupante:
la inmigración ilegal.

Y yo voy a demostrar
que, en lo tocante a nosotros,
ya es norma y hábito estricto
lo de actos, que no palabras.

Mostraré que hay situaciones
en las que surge espontánea
la bondad de todo un Pueblo
que en esto también ¡¡magnífico!!

La "inmigración ilegal",
la compone el colectivo
de muertos de hambre del Mundo
que en auto, a pie o en barca,
se van a buscar fortuna
a donde pueden, o alcanzan,

y que, tras mil peripecias,
y de pasarlo malísimo,
logran llegar, los que llegan,
-"¡¡aleluya!!, ¡¡hemos llegado!!"-,
al soñado paraíso.

Y el soñado paraíso,
hoy por hoy, lo es ¡¡España!!

¡Ésta es vuestra casa ahora,
inmigrantes!: ¡¡bienvenidos!!

¿Que aislados..., hambrientos…, solos...,
sin más cobijo que el cielo,
sin un euro en el bolsillo,
sin nombre, pues se lo disteis
a la mar o a una fogata…?:
¡da igual!, ya sois de los nuestros;
ya, suertudos ciudadanos
de la España democrática.

Y, de paso, de la Europa
mandada por Alemania.

Si, en venir, os la jugasteis:
¡¡premio!!, a vuestro sacrificio.

Y empezad ya a creéroslo
que aquí la ley ya os ampara;
que ya libres del abuso
de las miserables mafias
y de los explotadores,
¡se acabó vuestro suplicio!,
que ahora ya estáis ¡en España!

Y una ristra de derechos,
sepáis que ya concedidos,
así, para empezar:

derecho a, ¡¡gratis!!, análisis,
vacunas, operaciones,
chequeos de todo tipo,
radiografías, resonancias…,
medicinas gratuitas…,
asistencia psicológica…,
"Viagra", si alguno no empalma…

Y derecho a hacer reuniones
y a montar asociaciones
y a hacer manifestaciones…

Y a hacer cursos gratuitos
de Catalán, de Gallego,
de Vasco…
                    Y también derecho
a darle caña al Gobierno
para ¡exigirle! esas cosas
que notabais que os faltaban…

Toda la rabia y coraje
que hasta ahora os la envainabais
ahora, aquí, podréis sacarla.

Y aunque no llevéis papeles,
las policías democráticas
os dejarán ir solitos
por parques, calles y plazas,
y ¡nada! de que, culpables
de que haya inseguridad,
¡nada! de haceros motivo
de sospecha.
                    Y si en las tiendas
se roba, no os culparán
señalándoos con el dedo.
Que aquí todo se investiga
y aquí todo al fin se aclara.

Y si se os pilla en el ajo,
que un fallo tiene cualquiera,
los Jueces os juzgarán
con equidad y equilibrio.
Como hicieron con Roldán,
y lo harán con Rubalcaba.

O sea, y en definitiva:
de un sistema democrático
ahora estáis bajo el cobijo.

Y ahora el apoyo exquisito
de altruistas sindicatos
y ¡una pila! de O eNe Ges.

Y del Bono, de la Leire,
del Cándido, del Pepiño,
del Carod, de la Bardem,
del Sebastián, del Parada,
la Anita Belén y el Víctor,
del Teddy, del Almodóvar...

Que ¡¡todos!!, vuestros padrinos.
Que esperándoos estaban.

Y os colmarán de cariño,
y os llevarán a sus casas,
y os darán comodidades...
Ellos, siempre a vuestro lado,
¡para lo que os haga falta!

¿Que hay que montar un sarao,
o en Gobernación un cirio...,
o un encierro..., o un cipote...?:
¡¡a vuestra disposición!!

¡Como si hacéis huelga de hambre!

Ellos, ¡siempre con vosotros!,
su apoyo, sin cota máxima.

Ya se encargarán las teles
de dar los partes de guerra.
Los partes de guerra laica.

Y la prensa, reportajes,
y las radios, reportajes.

Y en las fotos siempre irán,
¡primer plano!, los padrinos,
como muestra de su apoyo
y su solidaridad.

Si el inmigrante en España
está hoy ¡tan a gustito!,
mucho es gracias a estas gentes,
todo entrega y buenas pautas.

¡Qué emoción!: los "sin papeles"
ya suspiran, y retozan
bajo del cielo durmiendo
arropándose con cajas.

Ya, en la Península Ibérica,
y ¡no! en Portugal, ¡no, no!,
que ¡¡qué suerte habéis tenido!!
¡¡en España, sí, en España!!,

¡Qué ternura!, ese hombre bueno
que saca el chucho a mear
por la noche, y les saluda
con cordialidad y calma.

Tentado ha estado, el buen hombre,
de él también uno a su casa,
-imitando a nuestros líderes-

pero…, ¿y si tiene almorranas...?:
"mejor no le hago andar,
no vaya a ser…", él se ha dicho,
y se ha reprimido, vaya.

¿Y esa ancianita piadosa
que, al día siguiente, los ve,
y, a uno, unas alpargatas
que iba a tirarlas, la pobre…?:
"buen hermano: tenga usted".

¿Y el pensionista que pasa
y haciendo un gran sacrificio
a otro le ha dado ¡diez céntimos…!?:
"¡convídate a lo que quieras!".

¿Y el empresario del campo,
que, al pie de una carretera,
a unos cuantos ha escogido…,
¡¡y les ha dado trabajo!!?:

"¡Sólo por ser inmigrantes!:
¡¡ocho euros a la semana!!,
pa que os sintáis a gustito".

Y otras ventajillas más,
que les dará, ¡pobrecillos!:
"podéis beber en la pila
del ganado…, y ¡¡regalada!!".

"Y ¡hala!, y esa cochinera
que no la uso..., ¡¡os la alquilo!!,
¡¡diez por ciento!! rebajada".

"Pa que igual de dignamente
como cualquier español
viváis vosotros también,
¡¡criaturitas!!, ¡¡buenas almas!!.

¡Y disfrutéis de la vida!,
como el Juan Guerra, el Pujol,
Paquirrín, el Jesulín
y la Duquese de Alba.

Esto ya es de mi tintero.
Y añado:
　　　　La grande España
os abre su corazón
porque es tierra de emigrantes.
Y, el más famoso, Colón.

Y, el segundo, "Dioni, el bizco",
aquel del furgón de pasta.

Pues, lo dicho: camaradas,
sedlo ¡¡¡todos!!! bienvenidos:
inmigrantes, ¡¡bienvenidos!!

Y, ¡hala!, a aprenderos deprisa
nuestro hecho diferencial:
a vivir sin trabajar
cobrando el paro o la baja.

Que a hermanos que llegarán
hay que hacerles un huequito.

Que vosotros, ya ¡salvados!,
pero otros vienen siguiendo
vuestras desnudas pisadas.

¡Que seas feliz, "sin papeles"!,
en este gran paraíso.

¡Aunque papeles no traigas!

¡Que seas feliz, "sin papeles"!

Total, ¡si aquí da lo mismo!,
¿no he dicho que esto es España?

Pues, con esto, mi alegato
en favor de la bondad
que en buenas obras se expresa
llega a su punto final.

Con ejemplos lo he ilustrado.
Yo creo que ha quedado claro:
los hispánicos de raza,
practicamos buenas obras,
y no bonitas palabras.

Por eso iremos al Cielo:
¡por santos!
                    Y alguna santa.

¡¡Todos!! iremos al Cielo.

Bueno..., menos el Simancas.
Y el Fanlo. Y "El Arropiero".
Y el Troitiño. Y el Mouriño.
Y el Puertas y su amigacha.

Masuriel

28

*"De asesino durante la Guerra Civil a icono de la memoria histórica. Fernando Macarro, alias Marcos Ana, **última adquisición de la factoría de la memoria histórica, ha resultado ser un ídolo con pies de barro. Tiene en su haber tres asesinatos políticos durante la guerra, pero le llueven los premios.***

FERNANDO DÍAZ VILLANUEVA
*Durante el verano pasado surgió la iniciativa de solicitar al **premio Príncipe de Asturias de la Concordia** para un tal **Marcos Ana**, poeta, luchador por la libertad y preso político en tiempos de Franco. Hasta aquí nada que objetar. La biografía de Marcos Ana -pseudónimo con el que tapa su verdadero nombre: Fernando Macarro Castillo- es, de un primer vistazo, la de prohombre de los valores y el civismo.*

*Fue detenido al **terminar** la Guerra Civil, encerrado y **condenado a muerte**. Tuvo la suerte de que, al ser menor de edad durante la guerra, la pena capital le fue conmutada por prisión vitalicia en **1945**. Pero, 16 años más tarde, la diosa fortuna le vino a visitar y, gracias a un decreto que le vino que ni al pelo, **salió en libertad**. Después emigró a Francia y regresó a España sin que nadie le volviese a importunar, en 1976.*

... Hoy, con 99 años recién cumplidos, es el nuevo héroe de la memoria histórica que la izquierda ha encontrado para reabrir unas heridas que el tiempo había cerrado...
Recibe premios por doquier...
... la Medalla de Oro al Mérito en el Trabajo...
... el premio René Bassin de Derechos humanos...
... el premio Fundación Abogados de Atocha...

Su historia verdadera durante la guerra nada tiene que ver con la de un héroe y mucho, en cambio, con la de un matón político...
*José Barros -Del semanario Alba- ha descubierto que fue el responsable de, al menos, **tres asesinatos en Alcalá de Henares** durante la guerra...*
*Como miembro del **Batallón Libertad**, un grupo paramilitar de las **Juventudes Socialistas Unificadas** de Alcalá de Henares 'tomó parte directa en el asesinato" de **Marcial Plaza Delgado, Amadeo Martín Acuña y Agustín Rosado...*"*

(Libertad Digital, 15/02/2010)

MARCOS ANA, ALIAS "MACARRO".

¡Hombre!, tenía que pasar.
Por un mínimo principio
de justicia y de vergüenza,
esto tenía que pasar,
y a él le tenían que dar ya
los premios que le están dando.

Desde la *"Medalla al Mérito*
-de oro- en el Trabajo",
hasta el de la *"Fundación*
de Abogados de Atocha",
y ése, el de *"René Bassin*
de los Derechos Humanos…",
y el *"Príncipe de Asturias"*,
prácticamente ya es suyo…,
y el *"Nóbel"*, otro en el saco…,
y el *"Ondas"*, bueno, ¡ya mismo…!,
y *"Grammys"*, los que él se pida…

¡Ah!, ¡perdón!, que me olvidaba;
me refiero a don **Fernando**
y Macarro y Castillo,
que no había dicho su nombre,
que se me había pasado.
¡¡Famosísimo!! poeta,
y pensador, y filósofo.

Pues eso: a ese venerable,
¡por un tubo!, premios dándole
antes que la palme, ¡el pobre!,
y que pueda él disfrutarlos.

Hoy, día quince de Febrero
del Dos mil diez, ¡sí!, hoy viene
la noticia en los diarios.

Algunos ya se hacen eco
que en el semanario "Alba"
nos lo cuenta José Barros;
lo de los premios y todo eso.

Bueno, y también echan mano
a datos de este prohombre,
de don **Fernando Macarro**,
pero ya en un tono irónico
y ya un poquito insidiando.

Datos como que él fue quien,
cuando en la Guerra Civil,
fue "responsable de, al menos,
tres asesinatos" -¡buah!-
allá en Alcalá de Henares.

Y este tal Pepito Barros,
el reportero ridículo,
-que ya se ve que lo es-,
pues da detalles concretos
que, supongo, lo harán ir
a él a la cárcel ¡tirado!

¡Al reportero, sí, sí!,
a ése del "Alba", ¡ése, ése!

Por intentar echar fango
sobre el buen nombre de este hombre
que ¡¡¡tanto!!! pasó en la vida:

detenido, encerrado…,
condenado a muerte única…,
dieciséis años después
indultado por la cara…,
emigrado a Francia, ¡el pobre…!,
jodido y arruinado…,
¡que hay que ver lo que ha sufrido!

Pero, lo que digo: ¡un vaina!,
el reporterucho ése,
ahora se pone a sacarle
los trapos sucios, ¡al pobre!,
a sus noventa, ¡ahí es nada!,
que hay que tener ¡¡mala leche!!

¿Pues no que cuenta ¡el cretino!
que este héroe del comunismo
hoy justamente laureado,
en realidad, lo que fue
fue un muy vulgar asesino,
y que actuó *"como miembro*
del Batallón Libertad,
grupo paramilitar
de las Juventudes Socialistas
de Alcalá de Henares", -dice-
y él tomó parte directa
en lo del asesinato...?

¡Bueno!, y encima se pone
a dar nombres y apellidos
de los tres que se cargó;
y es que si empieza a dar nombres
esa es la prueba fehaciente
de que va de mala leche
y de que es un resabiado.

Porque, ¡¡sí!!, se cargó a tres,
eso parece evidente
por las pruebas que ahora aporta,
pero, ¿y qué?, ¿¡y a ver!?, ¿y qué?:
¡pero si fueron tres parias...!,
¡si fueron tres mequetrefes
los que se cargó...!, ¡tres pánfilos...!

¡Vamos, hombre!, iría de tres
en aquellos duros años...

¡Vamos!, que iría de tres.

¡Pues tres!, que ¡el pobre!, sacó,
¡él, él!, el señor Macarro,
del hambre y las privaciones,
que esto es lo que hay que mirar:
¡tres hombres! que él los sacó
de pasar vicisitudes,
¡tres catetos! de Alcalá:

Don Mateo Plaza Delgado,
¡ya ves tú: un Sacerdote!,

Amadeo Martín Acuña,
¡ya ves tú: un triste cartero!,

y un tal Agustín Rosado,
¡ya ves tú!: un campesino
que siempre asistiendo a Misa.

Pues a esos tres se cargó,
pues a esos tres los sacó
de la muy penosa vida
que a los tres les esperaba,
a los tres los liberó
de penas y malos tragos.

¿Y ahora quiere el nota éste,
el Barros de los cojones,
el reporterucho estúpido,
echar mierda sobre el nombre
de este comunista espléndido
que está siendo laureado
constante y profusamente
por sus obras filantrópicas
y por sus merecimientos?,

¿y ahora quiere éste ensuciarlo?,

¿y ahora quiere recordarnos
que entonces fue un ¡¡asesino!!
que se cargó a tres vecinos,
que se cargó a tres paisanos,
esto quiere recordárnoslo
el Barros éste cretino…?

Desde luego, en este País
no sé yo a dónde iremos.

No sé, por ese camino.

¡¡¡Tantos!!! hombres con conciencia
aún por ahí emboscados…

Masuriel

29

¡No lo puedo remediar!:
tengo que sacar a la luz otra semblanza veraz ,
verídica y contumaz que llegó a mis oídos,
y que yo volví a poner en versos octosílabos de
rima libre asimétrica suprarregularizante:
¡no lo puedo remediar!

Y ésta la titulé:

¡MENOS MAL QUE NO!

Lo tenían por tontín.

¡Sí, sí, sí, sí!: al **"Ramoncín"**.
¡A aquél, sí, sí!: al de los huevos.
Al que lanzaba los huevos.

A aquél que ya de mayor
-de años- se hizo, ¡¡por fin!!,
comunista y progresista.

Y aún lo tenemos por ahí.

Pues ése, cuando era niño,
¡un prontito más grosero…!,
¡un instinto más ruin…!

¡Vamos!, un capitalista
en potencia, ¡el muy bandido!,
-con perdón- y un negrero.

¡Cómo sería de así!,
de capitalista, digo,
su instinto, que una vez
se le apareció un hada,
y le dijo:

- ¡Oye, monín!:
  soy un hada…, ¿no lo has visto?

  Pues como yo soy un hada,
  voy a concederte a ti
  un deseo…, el que me pidas…,
  de modo que pide, di.

¿Y saben qué le pidió

a la generosa hada,
-¡¡vaya cara!!-, el "Ramoncín"?:
¡¡su varita!!, ¡el pichatísica!,
-con perdón; que es que me indigno-,
le pidió él ¡su varita!;
¡la mágica, sí, la mágica!

Para él, luego, ¡claro!, así
irse pidiendo él cositas,
¡las que a él se le antojaran!

Entonces, pues lo que digo:
¿era, o no, un capitalista
por su instinto y por sus obras,
el ínclito "Ramoncín"?

¡Claro!, que no se la dio;
que era un hada, no una estúpida,
y pronto se lo caló.

Pues todavía va por ahí,
así sigue todavía.

¡El "Ramoncín", sí!, ¡el mismito!,
dando bandazos inciertos.

Buscando a ver si hay un hada
que le dé a él su varita…,
buscándola, a ver si "asín…".

Y haciendo ya unos papeles
¡tan cutres! y ¡tan patéticos…!

¡Calcadito! al "Farruquito".

Más aún: ¡al "Paquirrín"!

Masuriel

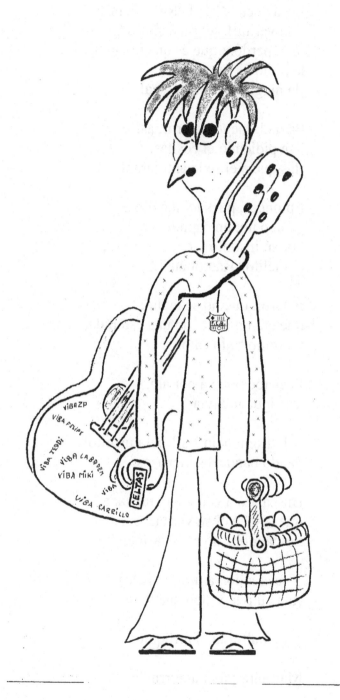

30

Ya sé que no por mucho insistir convenceré a nadie,
ya lo sé, soy consciente de ello; pero yo insistiré.

En lo de dar mi particular visión de las cosas.

MÚSICOS CALLEJEROS.

Íbamos yo y mi señora…,
¡perdón!: mi señora y yo,
el diecisiete de Mayo
del Dos mil diez, eso, íbamos
por la puerta del recinto
de la "Feria del caballo",
la que se hace en Barberá
del Vallés -de Barcelona-,
eso: mi señora y yo.

Aligerando pasábamos,
pues ni íbamos a subirnos
en nada -¡¡menudos precios!!,
ni íbamos a tomarnos
nada -¡¡menudos precios!!-
en cualquiera chiringuito…

Vamos, que, concretamente,
aquel día no teníamos
ganas de que nos robaran,
y eso, y por allí pasábamos,
concreta y exactamente,
por la puerta de la "Feria",
de camino hacia una tienda,
-el "Andrius", en Sabadell-,
donde hacen pollos asados.

Y eso, y allí también
nos surgió aquel día una anécdota;
porque anécdotas surgiendo,
de todas, y en todos lados.

Sólo que hay quien no las ve;
pero siempre están pasando;
y ese día también, ya digo.

O yo lo taché de anécdota
lo que allí, ante nuestros ojos
pasaba mientras pasábamos.

Y lo comenté con ella,
con mi Mercé, ¡una santa!,
la paciencia que me tiene.

Y era que, cuando cruzábamos
por la puerta principal
de acceso a la susodicha
puntual "Feria del Caballo",
a un lado de la su puerta,
el derecho, había unos músicos,
que parecía que tocando…
Desde lejos, los habíamos
empezado ya a escuchar…
Y ya, a unos metros de ellos…

Temas de tipo folclórico
con flautas de caña y eso
que tocan los peruanos…,
pues que, por su indumentaria
y por sus caras, ¡peruanos!

Y entre ellos, hasta un niño,
-o niña-, de ocho o diez años,
-mi duda, porque entre el poncho
y el pelo largo con trenza
y las facciones de indígena,
la verdad, no habría sabido,
si niño o niña lo era-,
¡pues eso!: allí, con su flauta,
simulando que tocándola.

Yo siempre he colaborado,
¡de corazón!, con los músicos
que me he encontrado en la calle.

Es una de las manías
particulares que guardo,
pues que a mí es que me parece
que tocar no es mendigar,
sino que es algo más noble:
es dar y ofrecer tu arte
honesta y honradamente,
a quien quiera escucharlo.

Y aceptar con humildad
una moneda en pago
si alguien te escucha y le agradas,
a mi me parece hermoso,
pues que es un pago simbólico
y es un reconocimiento
y un decirte: "¡Muchas gracias
por llenar esto de Música!".

Pues, como digo, ese instinto
se me vino -se nos vino,
pues mi mujer como yo-,
mientras que nos acercábamos
hacia el lugar..., y..., ¡sorpresa!,
¡sorpresa gorda!:
                    uno de ellos,
uno de los peruanos
-que lo parecían- del grupo,
uno en el centro del grupo,
estaba manipulando...
¡¡con un sintetizador
como un borrico!!, de grande.

O sea, que ni percusión,
ni instrumentos manuales,
ni el sonido que se oía
venía de flautas auténticas
tocadas allí en directo
y por pulmones humanos...

Allí, el sonido, la Música,
lo de un sintetizador.

Lo de un ¡bien caro! aparato
que llevaría dentro un disco,
y que sonaba muy bien,
que todo hay que decirlo.

Un aparato ¡magnífico!;
mejor aún: ¡estupendo!,
¡un aparato ¡perfecto!,
fuera o no fuera robado.

O séase: ¡¡cojonudo!!

Que yo, en mis años de música,
¡ya habría querido tenerlo!:
un aparato ¡¡magnífico!!
Y ¡a toda mecha! sonando.

Y los cuatro o cinco perlas
haciendo como si ellos
fueran los dignos intérpretes...

¡en directo...!

       Ni siquiera,
¡ni un minuto!, nos paramos,
como es costumbre otras veces.
Y, de dinero, ¡ni un céntimo!

"¡Me cago en diez...!, ya, ¿ni esto...?,
¿ni estas sencillas personas,
los **músicos callejeros**,
van a decir la verdad...?:

¡¡que se vayan a hacer gárgaras
con su sintetizador!!,

¡¡burdos!!: ¡¡mentirosos!!, ¡¡falsos!!,
¡¡mamarrachos!!, ¡¡timadores!!,
¡¡impresentables!!, ¡¡hipócritas...!!

"¿Ése es el arte que dan...:
el del sintetizador...?

Si sólo para llevarlo,
una furgoneta, ¡y grande!,
tendrán, seguro..., ¡¡bandidos...!!

¡Que se vayan al carajo!,
y que engañen a su padre".

Lo más suave que solté,
y mi Mercé me aguantó
con su natural paciencia.

"¡¡Que se vayan a la mierda!!".

Y seguimos caminando.

Y los "músicos", pues eso:
seguirían gesticulando
groseramente...,
                    ¡¡¡y mintiendo!!!

Como ¡¡tantos!! impostores.

Que, ¿qué detrás de esos "músicos"?,
que ¿quién detrás de esos "músicos"?

Ya, ni nos lo preguntamos.

Masuriel

31

Diecinueve de Junio del Dos mil ocho.

"NANYSEX".

Hoy, como suelo yo hacer,
repasando las noticias:
¡qué interesante!, ¡hay tantísimo…!

Aunque, en su primera página,
¡todos, todos! hoy destacan
exactamente lo mismo;
hoy se ceban ¡que da gusto!;
y el diario "El Mundo", ¡con saña!

¡Todos!, hoy, dándole vara
a otro pobre pobrecillo,
a otro infeliz alma cándida
que dicen que con criaturas
de un año él se ha "excedido".

Bueno, y algunas de dos;
algunas, ya más mayores.

Bueno, y él lo ha confesado
sin tardar, y él lo ha admitido;
que ya se ve: ¡un tío legal!

Bueno, él y sus amigos
de una empresa de logística,
que ellos se habían levantado
con su grande sacrificio:

"Nanysex, S.A": ¡genial!

Y, él, allí, el gerente máximo.
El señor **Álvaro I.G.**
Sus apellidos se ocultan
para no traumatizarlo
más de lo que ya lo ha sido.

Que hasta a esto hay que llegar
en este País de vándalos.

Ése, o ésos, mejor dicho;
el Álvaro I.G. y los otros
que con él hacían equipo.

Que algún que otro violento
de esta retorcida España
¡ya los querría colgar!
por las tontadas que han hecho.

De entrada, han sido agredidos,
insultados, abucheados,
a punto del linchamiento…
Total, por simples abusos
con niñitas y niñitos…

¡Tamaña barbaridad!,
la que algún cafre le haría
al Álvaro y a los otros,
a esos ¡pobres pervertidos!,
tras leerse la noticia;
¡¡tamaña barbaridad…!!

Que, ¡hombre!, hay que leer la prensa
con criterio y con sentido,
¡no como el que lee tebeos,
caray!, no hay que ser tan crítico.

Y, ¡menos!, caer en lo odioso
de hacerle a ciertas personas
bromas y cachondeítos.

Como a ese pobre chaval,
¡al Álvaro I.G., sí, sí!,
le hacen algunos malignos.

Ya digo, "El Mundo", el primero;
a él y a sus camaradas.

Que, ¿qué culpa tenía el pobre,
y qué culpa sus amigos,
de que a ellos les pirrara
lo de abusar de las niñas
y el abusar de los niños…,
y colgarlo en la Internet?

A ellos les habría gustado
que les gustaran las tías…,
de treinta…, de treinta y cuatro…,
de setenta como al Dinio…

Pero es que, a ellos, los niños,
a ellos, las criaturitas,
los muy, muy tiernos bebitos.

¿Y eso qué importancia tiene?,
a ver, me pregunto yo:
¿aquí no existe el principio
de la libertad de sexo?:
pues ellos, ¡su libertad!:
la de ligarse a bebitos
con arte y zalamerías.

¡Pues ya está!, ¡fuera manías!,
ya no hay que darle más vueltas
ni hacer ya más comentarios
feos y llenos de malicia,
como aquí se están haciendo:
¡¡que es que yo los he leído!!

Y oído con mis orejas
que: "¡¡a esos ¡¡¡hijos de puta!!!,
-se refería a los pedófilos-,
¡¡¡a esos habría que ahorcarlos!!!".

Que esto estoy repitiéndolo
de pavor sobrecogido.

"¡¡¡Y despellejarlos vivos!!!,
¡¡¡y echarlos en salfumán!!!,
¡¡¡y hervirlos en agua hirviendo!!!,
¡¡¡e inflarlos con gas butano
y arrimarles un mechero!!!".

¡Tanto! bruto justiciero
y ¡tanto! desaprensivo…

Aquí, siempre nos pasamos.

Pero, en fin; es lo que hay;
esto, lo que hay en España.

Aquí, si uno coge a un niño
y abusa de él sexualmente,
y lo ensucia, y lo lastima,
y lo humilla, y lo desgracia…,

a ése, como ahora el caso,
de éste, el pobre Alvarito,
a ése, ¡hala!, a condenarlo
¡¡hasta a dos meses de cárcel!!,
¡¡dos meses…, y hasta a más!!

Y, ¡encima!, saldrá un listillo,
algún forense de ésos,
diciendo que, lo mejor,
caparlos, o algo así,
a los pobres pobrecillos.

Y otros diciendo que ¡nula!
también la psicoterapia,
y ¡nulos! los tratamientos
con fármacos adheridos.

Total, mucho babear
y mucho soltar paridas
sobre derechos humanos,
pero a estas ¡pobres criaturas!,
¡nadie les echa una mano!
Al Álvaro y sus amigos.

¡Nadie! les trae, aunque fuera,
catorce o quince chinitas,
de ésas que en China regalan,
para aplacar sus instintos;
los del Álvaro y los suyos.

Que ellos tienen su derecho
a serlo ¡¡¡degenerados!!!,
¿sí o no?, tienen derecho,
¿no es esto una democracia?

En fin; voy a pasar página
y voy hablar de otra cosa,
que esto del **Álvaro I.G.**
y de **sus leales íntimos**
ya me está poniendo histérico.

Yo es que no puedo, ¡¡no puedo!!,
con estos actos despóticos.

Bueno, o, mejor, desenchufo
mi ordenador, y me voy;
a mi camita ahora mismo.

A soñar con "Perri Manso",
con el "Inspector Clusó"
y con el "Correcaminos".

Masuriel

32

> *"Ningún hombre es capaz de hacer dos cosas a la vez!"*.

Éste, un chiste en forma de sentencia malévola que también es más viejo que el bastón de un primo hermano del abuelo materno del padre de Abraham, y del que se le vio echar mano a ésa: ¡a ésa, sí, sí, a ésa!, ¡a esa otra "personaja" de cuidado!, que, ¡vivir para ver!

Ahora, que yo no me callé.

NO TE PASES DE LISTA, LEIRE.

"¿Qué es eso de que los hombres,
¡los machotes!, no podamos,
por nuestra escasez de luces
y nuestra torpeza implícita,
realizar, tramar o hacer,
al mismo tiempo dos cosas?,

¿de dónde has sacado tú eso?,
¿de dónde eso tú, ¡listilla!?

¿Qué es eso que no podemos
los hombres hacer dos cosas
como las titis?, ¿qué es eso?,
¿por qué no, dos a la vez…?

¡Pues ahora te lo demuestro!,
¡¡chichivago!!, ¡¡soplacántaros!!,
¡¡bocasapo!!, ¡¡enteradilla!!,
¡pues ahora te lo demuestro!

¡Mira!, yo mismo las hago.

Y supongo que no dudas
que yo soy hombre…, ¡¡y muy hombre!!

¿No te acuerdas ya, en el insti…?

Pues tendrías que acordarte;
tú, y todas tus amiguitas.

¡Mira!, yo mismo las hago;
¡sí, sí, yo!, ¡a la vez!, ¡¡dos cosas!!:

merendar y ver la tele.

¿Qué?: ¡no retuerzas la boca!

Y ¡también! capaz de hacerlo:
cagar y escuchar la radio,
-perdón por la palabrota-,

y silbar mientras orino,

y cortarme los padrastros
sentándome en una silla.

¡A la vez, sí, sí!: ¡a la vez!

Y…, y…, bueno, no me acuerdo…,
no me acuerdo ahora de más,
que la memoria flojilla
porque sufrí un accidente
muy malo, y casi la palmo…,
y estuve en el hospital…

¡Ah!, y eso: y también dos cosas
hacía yo allí, ¡a la vez!,
en el hospital, ¡sí, sí!:

aguantarme el termómetro
mientras recibía por sonda
sueros ¡a toda pastilla!

¡¡Dos cosas!!, ¿qué pasa?: ¡¡dos!!

Yo, un hombre, y eso: ¡¡dos cosas!!

A la vez, ¡sí, sí!: ¡¡dos cosas!!,
¿está claro, estupidilla?

Con esos dientes peleados
que tienes en esa boca…,

¡y esa cara de pluviómetro…!

Que si ahora comes natillas
es porque a ti te ha tocado
lo de Ministra de cuota…,

que, si no, tú, aquí, ¿de qué,
con esa cara de vómito?:
¿tú natillas…?: ¡¡tú, pastillas
de jabón!!, para esa boca.

De modo que, ¡por favor!,
cierra ya ese pico cáustico,
¡gazpachófila!, ¡higófila!,
¡faltona!, ¡tocapelotas…!,

¡y ocúpate de tu madre!,
que ahí tienes en qué ocuparte.

Que ésa, sola y en cuadrilla,
¡¡¡muchas cosas!!! a la vez.

Ésa sí que habilidosa.

De moralidad dudosa
cuando cargo tuvo y fue.

¡Tu madre, sí, sí: tu madre!,
¡tu madre y su cuadrilla!

¡Muchas más de dos, sí, sí!

Pero a mí déjame en paz;
a los hombres, tú, ¡en paz!

Si no vamos ni a mirarte,
por mucho que nos provoques.

Si eres más rancia y más sosa
que un cóctel de criadillas
con aceite de ricino
y aderezo de bellotas.

¡Anda, Leire, cierra el pico!,
¡anda, Leire, date el bote!,
y no te hagas más la irónica.

Que, de gracia, tú, ¡¡justilla!!

Como tú no has visto, ¡¡claro!!,
nada más que al Zetapé,
extrapolas el modelo
y te pones a sacar
frases burdas y tontillas.

¡No te queda nada, Leire!

Ahora vas de creidilla…,

pero cuando él dé el traspiés
y la cuesta abajo coja…,

cuando él caiga…, Leire…, tú…,

te vas a ver más tirada
que…, que…, que…, ¡¡que la Pantoja!!

O que la que le chupó
al Bertín la pirulilla".

. . .

Eso se lo dijo uno
que sabía de lo que hablaba;
uno que se puso así
al oír la coletilla:

*"Ningún hombre es capaz
de hacer a la vez dos cosas".*

Que se la dijo a él la Leire,
y a él le puso de ¡un cabreo…!

Porque lo vivió en sus carnes
unos pocos años antes.

¡Ése, sí!: ¡el Jordi Sevilla!

Masuriel

33

"No hay pueblo en la Tierra más genial
que el Pueblo Andaluz".

(Tulio Anglita, filósofo, siglo XX d.C.)

Y como yo soy andaluz, ¡y a mucha honra!,
pues este tema me lo dedico a mí mismo,
¡hala!

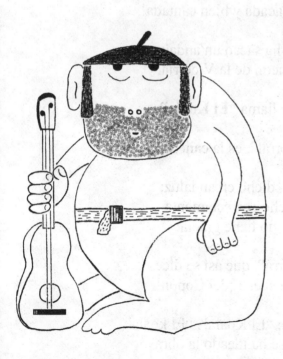

PARA MUESTRA, UN BOTÓN.

¡Por Dios, qué contento estoy!
Otra vez estoy eufórico,
revolcándome de gusto,
rebosante de emoción.

¿Que qué me causa a mí hoy
este bienestar profundo
y esta honda satisfacción?

Pues, mire, voy a decírselo:
me lo causa una canción.

¡¡Sí, sí!!, una canción, lo que oye:
una canción. ¡estupenda!,
¡airosa!, ¡original!,
¡preciosísima!, ¡majísima!,
¡bien sacada y bien cantada!,

que se ha sacao un andaluz
del Rincón de la Victoria.

Que se llama "**El Koala**".

"El corral", es la canción.

Bueno, dicho en andaluz;
que dicho correctamente
la cosa no tiene gracia:

"Er corrá", que así se dice,
que así suena ¡del Copón!

¡Sí, sí!: "El Koala", "El koala",
quien se ha ideado la obra

que hoy despierta mi entusiasmo;
la excelsa composición.

¡Qué música tan cuadrada!

Y una letra…, ¡¡vaya letra!!
Ni el Miki, ni el Calderón,
ni el Perales, ni el Serrat,
ni el Melendi, ni el Camela,
ni el Julio Iglesias…: ¡¡ninguno!!,
habría sido capaz
de hacer una letra así.

¡Eso se lleva en la sangre,
hombre…!, ¡¡se lleva…, o no!!

Y hay que ser un andaluz
de raza y de esteorotipo
tal como lo es "El Koala"
para sacarse del coco
¡tan genial! composición.

¡"Er corrá", sí, sí!, ¡"Er corrá"!.

Bueno, canción del verano,
-verano del dos mil seis-,
ya lo es, sin discusión.

Y, el próximo, igual, ¡¡¡seguro!!!

Y el Dos mil ocho, lo mismo.

Y luego, pues ya ¡¡a la Historia!!

¡Que mira que está bien hecho!:

"Opá, yo vi hasé un corrá…,
pa echá cochinas, pa echá cochinos…".

Para que luego algún berzas
diga que los andaluces
todos un cacho ordinarios,
y más bastos que un serón.

¡Anda!, ¡menudo temazo!

¡Que lo sepa España entera!,
que a cultura y a ocurrencias
no nos gana...¡¡¡ni el Platón!!!

¡Sí, sí!, el que inventó la fuente...,
el plato grandote...: ¡ése!,
¡ése, el de las ensaladas!

¡¡Qué contento estoy, por Dios!!

Y qué orgulloso de ser
paisano de ese fenómeno
que se llama: "El Koala".

Lo repito: Del Rincón,
pegandititito a Málaga.

(Allí viví yo cuatro años)

Lo bien que nos representa
a los andaluces poéticos
y guapos y creativos
y ocurrentes y aromáticos.

Que, para hacerse una idea
de la grandeza de un Pueblo,
basta con el ver, u oír,
a uno de sus grandes hombres.

Que, para muestra, un botón.

¡Dios te lo pague!, "Koala",
¡Dios te lo premie!, maestro.

Y te den, ¡¡¡ya mismo!!!, el "Grami"
de artista revelación.

¡Por Dios, qué contento estoy!
Tanto, como si hoy me hubiera
tocado el Telecupón.

O un pase para una gala.

¡¡Por supuesto!!, del "Koala".

"Opá, yo vi hasé un corrá...".

¡¡¡Sublime!!!,

¡¡¡espectacular!!!,

¡¡¡maravilloso!!!,

¡¡¡temón!!!

Masuriel

34

"Un cura abierto a todo excepto al sado".

El sacerdote de Toledo destituido por gastar 17.000 euros en líneas eróticas ofrecía además sus servicios sexuales en internet a 120 euros la hora.

M.J. MUÑOZ|Toledo Actualizado Martes, 23-02-10 a las 23:23

El cura destituido hoy de su ministerio por el arzobispo de Toledo, monseñor Braulio Rodríguez, **no sólo hacía uso de las líneas eróticas** sino que él mismo se anunciaba en páginas de internet ofreciendo servicios sexuales.
Según ha comprobado ABC.es, el sacerdote, párroco de las localidades de Noez y Totanés, se anunciaba de este modo: 'Hombre heterosexual para mujeres y parejas.
30 años. En Toledo capital. Fotos reales. Bien dotado (15 cm) para tu placer y felicidad. 15 minutos, 50 euros, 30 minutos 75 y una hora 120 euros. Estoy abierto a todo excepto al sado. Hoteles y domicilios. 24 horas'.
'Os haré gozar de felicidad como nunca'.

A continuación, facilitaba su e-mail y el número de su teléfono móvil. Y terminaba: 'No os arrepentiréis, os haré gozar de felicidad como nunca'. Aunque se anunciaba con 30, el cura tiene 27 años, es alto, moreno, con perilla y algo entrado en carnes, como puede comprobarse en las imágenes de sí miso que él mismo colgaba en internet.
El pasado sábado por la tarde, dos representantes del Arzobispado de Toledo celebraron misa en Noez y dijeron a los feligreses que había que perdonar al sacerdote, que no se encontraba bien y cometió ese fallo".

(www.ABC.es, 24.02.2010)

PARA UNO QUE IBA DE BUENA FE...

Éste es otro caso crítico
que yo no podía callármelo;
cometería una infracción
moral, si yo caso omiso.

El del ¡tan famoso! Cura
de Noez y Totanés
(Toledo), el famoso Párroco
que a finales de Febrero
del Dos mil diez, ha salido
a la luz, por la obsesión
de un Diario corrosivo.

Pues este Cura que digo,
Samuel Martín, éste Cura,
se ve que traía de largo
el problema que él tenía
en lo de observar ¡¡estricto!!
la norma del celibato
que impone la Santa Madre
Iglesia, ¡y con razón!,
y, se ve, que había tirado
de veta, pues hechos suyos
¡¡¡diecisiete mil!!! euritos,
y expresamente gastádoselos
en castas líneas eróticas
y en páginas pornográficas
que él puestas a su servicio.

Que tal la furia sexual
del Curita, que no sólo
sus horas libres a prácticas
y tocamientos autóctonos
él las había invertido,
sino que además, también,

a nobles guarradas léxicas
por la línea telefónica
que a costa de los beatos,

y ya, en harina metido,
pues ya, hasta se había anunciado
en la "webb", semidesnudo,
ofreciendo sus servicios
a las ellas y a los ellos
que quisieran contratarlo.

Desde los cincuenta euritos
por un cuartito de horita,
hasta los ya ciento veinte
por una hora enterita.

Que para una pililita
y un anito consagrados,
la verdad, lo veo económico,
precio muy competitivo.

Pero, bueno, y sucedió
y, pues eso, y ocurrió
que alguien ya empezó a largar
que al tal Curita, en las formas,
la mano se le había ido,
y, ¡al pobre!, lo denunció…,

y, entonces, el Arzobispo
Católico de Toledo
montó en cólera seglar
y "¡¡¡tú a la calle ahora mismo!!!",
con la excusa que mangando
dinero a las Hermandades
y a las Cofradías que ahorraban
para las Semanas Santas
de Noez y Totanés…

O sea, ¡¡¡a la puta calle!!!
-¡con perdón!- al Cura Párroco
de Noez y Totanés.

Y esto, en breve referido.

Que, ¡qué pena, sí, qué pena!

Para uno que no era hipócrita
y que iba de buena fe…

En fin, ¡qué vamos a hacer!,
y, en fin, ¡¡vamos a callarnos!!,
que aquí ya otra vez los Curas…,
¡y yo de ésos no me fío!

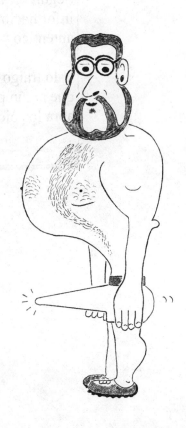

Masuriel

35

Y, lo que sigue, va con clara intención didáctica
y aleccionadora también; esta vez, también.
Según me acercaron mis solventes fuentes de
información, se trataba de un hecho histórico real,
auténtico y verdadero; lo que voy a recordar.

Y lo traigo a la memoria para ver si consigo
que algún pardillo que aún quede por ahí
abra los ojos de una vez.

PROMESAS EN CAMPAÑA POLÍTICA.

Se cuenta que un catalán
de familia numerosa,
don **Santiago Rusiñol**,

-para aquél que no lo sepa,
un muy célebre escritor
y pintor, y otras cosejas,
que nacido en Barcelona,
mediados del Diecinueve,
y vivió más de setenta-,

don Santiago Rusiñol,
-digo- además orador,
pues se cuenta que una vez,
acompañando a su hermano
Alberto, fueron los dos
a un pueblo ¡en la quinta hostia!,
¡¡lejísimos!!, pues que estaba
-su hermano- en plena campaña
política -pues político-,
y él, pues eso, iba con él
de acompañante de honor
en su tarea ¡tan honrosa!

Y llegan los dos al pueblo,
al que ese día les tocaba,
¡que estaba en la quinta hostia!,

un pueblo, y cabe decirlo,
que en una situación límite,
muy precaria y muy penosa:
aislado, incomunicado,
mínimamente dotado…,
prácticamente olvidado…

O eso es lo que ellos pensaban,
o en las notas les ponían
los asesores de entonces
-que entonces también había,
y también su paga hermosa-,
y don Santiago, ya hablando
en nombre de la reseña
política de su hermano,
suelta y dice él, muy solemne,
en su austera y culta prosa:

-   Pues este pueblo..., sepáis
    que éste es nuestro predilecto.
    Y como os faltan escuelas,
    ¡¡pues vais a tener escuelas!!

Un cateto lo interrumpe,
gritando:

-   ¡Ya las tenemos!

Pero don Santiago sigue
allí, como si tal cosa,
ignorando al insolente.

-   Y como este gran pueblo
    precisa, y ¡¡urgentemente!!
    una buena carretera...,
    ¡¡pues tendrá una carretera!!

Y otro asistente le grita:

-   ¡Ya tenemos carretera!
    para ir a la ciudad
    cuando que se nos antoja.

Y, don Santiago, ¡a lo suyo!,
a seguir con su discurso

pleno de promesas teóricas,
pero esta vez sí responde,
con su gran temple, a la audiencia,
diciéndoles:

- ¿Carretera…?,

¿que ya tenéis carretera…?,
¿carretera para ir…?,

¿y con eso os conformáis…?:

¡¡pues os vamos a hacer otra!!

Otra…, ¡para que volváis!

…

¿Que qué partido político
era el del señor Alberto,
hermano de don Santiago,
el célebre escritor?:
pues, la verdad, no lo sé,
no me lo apunté en mis notas.

Igual sería el del Montilla
de hoy, o sea, el PSC.
Que ésos, de cortarse, ¡¡nada!!

Haciendo promesas falsas,
ya, ¡una larga trayectoria!

¡Que qué distintos a CiU!
Que éstos, de promesas, ¡¡ni una!!,
promesas falsas, ¡¡ni una!!

Y falsísimas, ¡muy pocas!

Masuriel

36

(Libertad Digital, 15/02/2010)

"Luis Roldán saldrá en Marzo de prisión tras una larga colección de delitos y después de cumplir 15 de los 31 años a los que fue condenado. El ex director de la Guardia Civil con González será libre sin devolver gran parte de lo robado ni las viviendas de lujo que tiene por todo el mundo.

'El País' publica este domingo un reportaje sobre cómo Luis Roldán ha salvado su fortuna sin haber devuelto gran parte del dinero que robó...

Hasta el momento, la Justicia sólo ha conseguido recaudar algo más de 1,6 millones de los más de 19 millones que Roldán debe pagar al Estado.

...en la isla caribeña de San Bartolomé, perteneciente a las Antillas francesas, Roldán posee una coqueta villa en el barrio más distinguido...

En París tiene un piso señorial de 255 metros cuadrados en una zona de lujo, entre Torre Eiffel y los Campos de Marte...".

(El Mundo, 19/03/2010)

*"El ex director general de la Guardia Civil, Luis Roldán, **ha firmado su carta de libertad** y ha dicho, tras cumplir con el trámite en el Centro de Inserción Social Trece Rosas de Zaragoza: 'Ya no tengo que venir a dormir y estoy libre'.*

En unas breves declaraciones a los numerosos periodistas...: 'Yo he pagado por lo que he hecho duramente, otros no han pagado por lo que han hecho, y se han ido de rositas o casi rositas', ha dicho Roldán, quien he recalcado que ahora su intención es llevar una vida normal en Zaragoza, como lo ha hecho en los últimos cinco años que ha vivido en la capital aragonesa, acudiendo a dormir al centro de inserción social Las Trece Rosas.

Sobre el paradero del dinero que se apropió, Roldán ha insistido en que ya ha dicho todo lo que tenía que decir al respecto...".

ROLDÁN, EN LA CALLE.

¿Por qué no van a creerlo,
¡jolín!, ¡pobre pobrecillo!,
por qué no van a creerlo,
¡a ver!, por qué no al Roldán,
que ahora se encuentre en la calle
y sin un duro, ¡en la calle!,
y que se encuentre, ¡qué lástima!,
amargado y aburrido?,
¿por qué no van a creerlo!?

¡Y sin un duro!, repito.

Que amargado y aburrido,
¡¡seguro!! que está, ¡¡seguro!!

Y, en cuanto a lo otro, ¡¡seguro!!:
¿cómo va a tener un duro
si los duros ya no existen?

Si los duros ya no existen,
¿cómo va a tener ¡a espuertas!

El pobre Roldán está
lo que se dice ¡¡jodido!!

Mendigando por ahí
creo que está, ¡el pobre!; y durmiendo
en cartones por ahí
como cualquier "sin papeles".

¡Y con el vientazo que hace
en Zaragoza…!, ¡angelico!

Que con los dieciocho meses
del Inem, los del subsidio,

-más prórroga de otros seis-,
no tendrá ¡ni para gorras!

Lo veremos en la cola
de algún comedor social
mendigando un bocadillo.

Y vistiéndose en Cáritas.

Y dando por ahí bandazos
tirando de un carrito
con sus cuatro pertenencias,
sin norte predefinido.

¡Ni por asomo!, un trabajo.

¡Con lo que él batalló…!,
¡con lo que él se esforzó
para que la Benemérita
tuviera un futuro digno…!,
¡con lo que él cuidó a sus huérfanos…!,
a los de la Benemérita…

¡Con las limosnas que él dio
cuando él tenía un sueldo fijo…!

Pero, ¡bah!, todo olvidado
en este País de cínicos,
en donde meterle el dedo
en el ojo a todo prójimo,
como lo hace el "Mouriño",
y sacar a toda prisa
leña del árbol caído,
el deporte nacional;

que ¿qué le vamos a hacer?:
¡paciencia!, y ¡más que paciencia!

Pero es ¡una injusticia!
que aquí llevándose a cabo
contra este infelicillo
que el Felipe puso "¡a dedo!"
cuando a él le dio la gana,
y que lo dejó ¡tirado!
cuando a él le dio la gana.

Como al Vera, a la Mercé,
al Domínguez, al Amedo,
al Barrionuevo, al Galindo…

¡¡Todos!! poniendo la cara,
y ellos adentro, y él fuera.

Desde luego, ¡qué espectáculo!

Recordándolo, a mí, esto,
¡me pone el vello de pico!

…

¡Pues nada!, señor Roldán:
¡bienvenido a esta selva!

Y a luchar como aquí lucha
todo hijo de vecino.

¡Ah!, y eso: y al Inem,
mejor no venga a apuntarse,
que se va a tirar ¡¡tres horas!!
esperando, como mínimo…,
y no merece la pena.

¡Ay!, ¡perdón, perdón, perdón!,
¡¡venga, venga, venga, sí!!,

¿cómo me habré despistado?,
pero si antes ya lo he dicho:
¡¡venga, venga cuanto antes!,
¡venga!, que se me olvidaba:

¡hombre!, que tiene derecho
a sus dieciocho meses
-prorrogables- del subsidio,
o sea, a veinticuatro meses,
-¡qué despistado, por Dios!-
tiene derecho a dos años
de "ayuda", o de "subsidio",
como todos los que salen
de donde usted ha salido:
cuatrocientos veintiséis
euros, coma, cero céntimos.

¡Pues eso!: que le esperamos
en el Inem, ya le digo.

¡Qué despiste el mío, por Dios!,
por poco meto la pata,
que ¡qué mal me habría sabido!

Haberme, inconscientemente,
sumado a ese coro infame
que están tratando de hacerle
la vida casi imposible
a este ¡pobre robahigos…!

Que ya, ¡¡al fin!!, entre nosotros…

¡Menos mal que he estado alerta!

¡Me he dado un susto…!,
¡¡Dios mío!!

Masuriel

37

El movimiento cívico "Rosas para la paz"
lo formaron un grupo de **actrices de la Secretaría**
de la Mujer de la Unión de Actores de España
en el año 2006, a mediados.

Las mismas del "¡No a la guerra!": ¡curioso!

Era que cuando el Presidente Rodríguez confesó
su deseo de pactar con la Eta para lograr la paz,
aquellas actrices -que ninguna de ellas, parece ser,
tenía en su familia ninguna "baja", ni ninguna de
ellas había sufrido ningún atentado-, encantadas
ellas con la iniciativa, se volcaron con él y con su
idea. Y, como preciosa iniciativa, regalaban rosas
blancas todos los días veinticuatro de mes.

En una manifestación de la Asociación Víctimas
del Terrorismo, en Madrid, el 10 de Junio de 2006,
doña Teresa Jiménez Becerril, hermana del
Concejal del PP por Sevilla, don Alberto Jiménez
Becerril, asesinado hacía justo nueve años junto a
su esposa por la banda terrorista, pronunció un
emocionado discurso, en el que comparaba las
rosas blancas que las actrices regalaban ahora
con las tres rosas blancas que llevaba en la mano,
el día en que los asesinaron, su querida cuñada.

ROSAS BLANCAS.

¡Qué mujer más insensible!
La Teresita Jiménez
Becerrill, ¡¡sí, sí!!: ¡¡ésa, ésa!!

¿Pues no se da en comparar,
la otra tarde, en un discurso,
las tres rosas que llevaba
su cuñada, aquella noche
en que dos pobres etarras
la tuvieron que matar,
a la par que a su marido,
con las rosas impolutas,
perfectas e inmaculadas
que regalan las artistas
cada día veinticuatro,
en apoyo de la paz...?,
¿pues no que hoy comparándolas?

Desde luego, ¡¡hay que ser mala!!

¡La Teresita, ¡¡sí, sí!!,
la señora ésa histérica,
capciosa y desencajada;
a ésa, a ésa me refiero:
¡¡pendenciera, y vengativa!!

Que no quiere que a esos pobres
los abrace el Zapatero
mirándolos a los ojos...,
¡y se los coma a besos...!

No lo quiere, ¡¡la muy bárbara!!

¡Pobre Chapote y su novia!,
unos que iba a abrazar.

Porque ya se han hecho buenos.
Y lo humilditos que son,
y lo bien educaditos...

¡Vale, sí!: ¡unos asesinos!,
¡pero es que ellos no querían...!

¡Y no van a matar más...!

Por cuatro cosas de nada,
que hoy piden..., ¡los pobrecillos...!

¡¡Y nos van a dar la paz!!

Desde luego, ¡qué injusticia!,
lo de esta terca señora,
la señora Becerril,
con esas bellas personas,
el Chapote y su chavala.

Poniendo dificultades
a la paz buena y auténtica...,
¡por dos fiambres de nada...!

Que comparando a la gran
campaña de "*Rosas blancas*
para la paz", que ha ideado
la "**Unión de Actores de España**",
con la tres rosas manchadas
de sangre, junto a los cuerpos
sin vida de su cuñada
y de su hermanito Alberto,
¡está creando un problema...!,
¡está aireando una infamia...!

Que, ¡hombre!, ¿vas tú a comparar
esas tres rosas manchadas
con sangre de unos peperos

con las rosas blancas, níveas,
preciosas y extraordinarias,
de la candorosa Aitana,
la de "Un paseo por las nubes..."?,

¿o con las rosas que entrega
la diva Pilar Bardem...?

¿o la Conchita Velasco...?,

¿o la Anita Belén...?,

¿o la Sheilita González...?,

¿o la Susi Balaguer...?,

¿o la Petrita Almodóvar...?,

¿o la Borita Izaguirre...?

Desde luego, hay que tener
¡¡mala leche!! y ¡¡mala baba!!

Como la que tiene esa
señora de mal talante
que aún se atreve a decir
que "ni olvida ni perdona"
a esos dos cacho infelices
que mataron a su hermano
y, de paso, a su cuñada.

Y que, además, el mal gusto
de comparar las tres rosas
que aquel día se marchitaron
en aquel charco de sangre,
con estas rosas espléndidas,
que reparten las artistas
todos los días veinticuatro.

Que hay que ser ¡mala persona!,
para querer restar mérito
a tan honrosa campaña.

Desde luego, es que, ¡¡da asco!!,
esta resentida España.

¡¡Asco!!, ¡¡verdadero asco!!

Cualquier día cojo el petate,
y eso: y me voy a Australia.

Masuriel

38

Y la siguiente fue la teatralización que hice también acerca de un hecho real que ocurrió en el año 2006. Digamos la segunda parte de la historia. De un hecho ¡tan lamentable!, que, la verdad, me impactó y me hizo sacar mi rabia de la manera que tengo más a mano. Y me imaginé entonces en un cuerpo que no era el mío, ¡¡que tiene que hacer uno a veces unos papeles...!!

La primera parte del relato del hecho iba en mi *"Librete de muestra. Anticipo de la Serie Reflexiones aforísticas y evomoralizantes"*, y titulaba el tema: "¡Leña al perro!".
Allí estaba, y allí está. Y ésta, ya digo, otra versión.

Pues resultó que a un honorable señor, cuyo nombre no era Celestino, que ése me lo inventé yo por aquello de la confidencialidad y del derecho al honor y todo eso, lo juzgaron con rigor los rigurosos Jueces españoles por el "simple" hecho de maltratar a un "simple" perro, o maltratar a unos cuantos "simples" perros, y las teles, entonces, se explayaron dando imágenes muy ilustrativas sobre los hechos, el juicio, la sentencia, etc., etc., etc.
Y sacaban al honorable señor muy orgulloso
de sus hazañas, y todo eso.

Sin duda, otro "personaje de bandera" español
y contemporáneo, que por propio merecimiento se ganó el estar hoy también en éste, mi humilde recopilatorio.

SALTO A LA FAMA.

¿Que que qué...?: ¿que yo no iba
a ser más que un ¡pobre diablo!,
¡un don nadie!, ¡un pajarín!,
¡un mindundi!, ¡un sueñarrajas!,
¡un pichulero!, ¡un boinilla...!?,

¿que yo no iba a ser nada...?,
¿que yo no iba a ser famoso...?,

¿que yo no iba a pasar
de achicharrador de rábanos...?,
¿que yo eso sólo en la vida...?:

¡pues ahí!, ¡¡mis huevos ahí!!,
yo, ¡abriendo telediarios!

Pa que me vea España entera,
contando Ceuta y Melilla.

¡Sí, hombre, sí!: yo un fracasado,
un repetidor, un paria,
un cero a la izquierda unida…:
¡de eso nada, limonada!,
yo, ¡ya!, ¡¡un señor triunfador!!,
yo, ¡ya!, ¡¡un gran arrasador!!

Saliendo en todas las teles…,
estando en todas las radios…,
contratándome en los "chous"
de actualidad y sucesos
para que cuente mis cosas
íntimas y menos íntimas…

¡Y aplacándome un pastón!

¡Se chinchen!, los envidiosos,
¡se jodan!, los que ahora rabian
porque yo ¡¡en toda la cima!!

Que mi grandeza y carisma
ya no lo es sólo en mi barrio.

Que allá por donde voy yo,
la gente se para y mira
y cuchichean comentarios,
y yo sé que están diciéndose,
desde la su sana envidia:

"Mira, ahí va..., es Celestino...,
Celestino el de los perros...,
¡ése, sí!: el que asesinó
a un gran pastor alemán
a palos y a manguerazos...,

¡ése, sí!: el que había matado
antes que a ése, ¡a una pila…!

¡Es un hombre muy valiente!

Es al que grabó un vecino
que lo estaba a él acechando
porque le tenía manía...,
y fue y lo denunció...,

y luego lo condenaron
con seis mil euros de multa,
al pobre, que ¡qué injusticia...!

¡Pues ése es!, ¡ése es!:
¡ése es el gran Celestino!

Creo que ya es pensionista.
Y aún vive con su mujer.

Y tienen ya una "rulote".

Y fue muy alto de joven,
y una gran mata de pelo.

Y creo que tuvo ¡hasta un "Simca…"!

Y, en el colegio, a sus niños
los llamaban 'los botijos'
porque eran muy callados,
y, a su mujer, 'la linterna',
porque siempre iba encendida
y llevaba leotardos
con ligas porque tenía
muchos pelos en las piernas".

Dirán eso, y otras cosas.
Cuando me ven por la calle;
eso, y cosas parecidas.

Que, ¿qué?: ¿soy, o no, famoso...?,
¿me conoce, o no, la gente...?:

¡¡pues claro que soy famoso!!,
¡¡pues claro que se me envidia
como a todos los famosos!!,
¿¡que a ver quién me lo discute!?:
yo he triunfado en toda línea,
y a la gente le entusiasma
decir cosas sobre mí.

Y todos los progresistas
me quieren y me respetan
porque yo soy de los de ellos.

Y sé que me lo merezco
porque eso me lo he ganado
yo, ¡a pulso!, día tras día.

Que han sido ¡¡años y años!!
haciendo merecimientos,
que han sido ¡¡años y años!!
entrenando y superándome,
que han sido ¡¡años y años!!
luchando y sacrificándome.

Lo reconozco, eso sí,
que hasta yo llegué a dudar
que a mí esta oportunidad
algún día me llegaría.

Pero me llegó, ¡es lo guay!,
gracias a…, ¡lo que es la vida!,
gracias a un veterinario
que me tenía mucha rabia,
y me tenía mucha envidia,
y me grabó con su cámara,
y luego me denunció,
¡el enterado asqueroso!,
y etcétera, etcétera, etcétera.

¡Pues, eso!: gracias a aquel
veterinario envidioso
hoy soy yo un pozo de dicha.
¡Lo que es la vida!, repito.

La dicha que aquí he contado
así un poco por encima.

¡Lastima!, eso sí, ¡qué lástima!
que esta estupenda ocasión
me ha llegado un poco tarde,
pues ya, un poquitín mayor.

Que, igual, no me va a dar tiempo
de disfrutar ampliamente

de esta fama y de este éxito…,
¡con la ilusión que me hacía...!

Pero, en fin, ¡qué voy a hacerle!:
trataré de ser paciente
y administrar sabiamente,
lo que me quede de vida,
esta popularidad.

Que la popularidad
hay que saber disfrutarla;
si no, hasta puede volverse
en tu contra, y devolverte
a la sombra y a la ruina.

¿Quién me lo iba a decir,
que ir por ahí matando chuchos
iba a ser ¡tan importante!,
iba a ser ¡tan trascendente...!,
que eso iba a ser, para mí,
más que una auténtica mina?

Para mí, ¡el salto a la fama!

¡Qué veleidosa es la suerte!

Se pasea por este Mundo
como si todo él lo fuera
como Egipto o Argentina.

Porque a mí, ¡sí, sí!, un capote,
lo reconozco, ¡sí, sí...!,
pero ¡¡anda, que al Sabina...!!

Masuriel

39

Qué orgulloso estaba -y está- de ser:

SOCIALISTO DE TODA LA VIDA.

¡No, no!, si no me interesa
lo que usted pueda decir
¡para nada!; a mí, usted, ¡¡nada!!

Lo que de su boca salga
a mí me importa ¡un pimiento!

Si usted no se va a mover
en su actitud monolítica,
retrógrada y atascada.

Usted, ¡¡¡jamás!!! lo va a ser
como soy yo, de flemático,

y usted no sabrá quebrar,
razonar, rectificar…

Usted es un obcecado,
usted un cacho de acémila
y usted un chola cuadrada.

Y usted ya tiene clarísimo,
fanáticamente claro,
lo que usted va a votar
mientras elecciones haya.

No se apeará del carro.

A usted no le dice nada
la palabra "reflexión",
como me lo dice a mí.

Yo, la mar de convencido
de que todo en esta vida
son subidas y bajadas,

y yo creo en el principio
de que toda la razón
no está en el mismo lugar,
y que la verdad pedazos
que caen en cualquiera casa.

Lo mismo que la mentira.

Y en todas partes, por tanto,
hallarás de una y de otra;
sólo es cuestión de escoger
con serenidad y calma.

Pero, ¡bah!, ¿para qué hablo,
ni para qué pongo ejemplos
con palabras rebuscadas,
si usted no me va a entender
porque es usted un pollino
terco, contumaz y zafio,
e incapaz de distinguir
entre el trigo y la cebada?

Usted, de aquéllos que a Franco
le aplaudirían a rabiar,
¡seguro! Y a Adolfo Suárez.
Y hasta aplaudiría al Aznar.

De manera irreflexiva,
ya estoy viéndolo, ¡qué lástima!

¡Qué diferencia conmigo!,
aunque esté feo que lo diga.

Yo siempre voté a Felipe
porque no había otro más cínico,
y yo voté al Zapatero
porque no había otro más maula.

Pero los voté en conciencia
y tras de una reflexión
contundente, contumaz,
inteligente y pragmática,
y tras de ver pros y contras
y tener todas las vías
de la razón contrastadas.

Que ésa es la gran diferencia.

Que eso es, en definitiva,
el fondo de la cuestión.

Que eso es ser ¡un socialista!

Y eso: ¡y de toda la vida!

Por el modo y por las formas
arduamente acreditadas.

¡Socialista, socialista!,
¡¡si, sí!!, como lo soy yo.

¡Mire!, y le daré una pista,
a ver si averigua quién:

Mi nombre empieza por **"Ru"**
y termina por **"balcaba"**.

¿Qué?: ¿me reconoce, o no?

Bueno, y, si no, ¡¡cállese!!,
coge la puerta, ¡¡y se larga!!

Masuriel

40

¿Y aquel otro "personaje"?: siempre se había creído él ser eso: un adelantado a su tiempo y a su época, un visionario, un lumbreras.

Y aunque ya en la reserva y a un paso ya del otro barrio, a finales del 2009, y en plena crisis zapaterina, aún se le escapó otro destello de la inteligencia y de la grandeza moral que él se quería creer que las tenía.

Que lo que contaré, o recordaré, a continuación, no es, ¡en absoluto!, una broma que él mismo se gastara, ni un comentario irreflexivo entre cerveza y cerveza, ni nada de eso, ¡no, no!

"SÓLO PARA ESPAÑOLES".

Va y se sale, ¡el muy sectario!,
con otra de sus lindezas,
diciendo:

"Para evitar
el turismo sanitario,
mi querido Zetapé
tendría que poner ahora
sanidad para españoles,
y sólo para españoles".

Y se empieza él a explayar
poniendo ejemplos y ejemplos
de gentes de allí y de allá
que con trescientos euritos
-dice- se vienen a España
a operarse, ¡que qué cara!,
de algo que es que en sus países
¡no lo podían ni soñar!

De América, los que más,
-de la de los pobretones-,
y de Europa, pues ¡la tira!

"Y, ¡claro!, esto es una ruina,
-sigue-, y nos vamos a arruinar
en estos tiempos que corren,
¡tan malos! y ¡tan difíciles!

Y que no son aún peores
porque ya no está el Aznar".

Pues esto, ¡sí, sí!, tal cual,
el **Ibarra**, aquél que fue

Presidente de la que es
la segunda Andalucía,
la Extremadura inmortal.

Y se ha quedado ¡tan ancho!

Hoy mismo lo ha dicho, ¡hoy mismo!

Y yo querría analizarlas
un poquito estas palabras
desde mi visión pragmática
y mi fiel neutralidad.

¡Veamos!:

¿Qué dice ese ogro,
ese irredento sectario,
como ya he dicho al principio,
o sea, al comenzar?,
¿qué dice, o qué propone?:

¿que haya dos colas de enfermos,
o de presuntos pacientes,
en cada un ambulatorio
y en cada un hospital…?,
¿esto es lo que ése propone…?,
¿esto, ese carcamal…?

¡Pues vaya una idea pazguata!

Que, ahora, igual se saldrá
diciendo, ¡el tío!, que los Médicos
mejores para nosotros,
los españoles, o sea,
y, a los que vengan de afuera,
pues, ¡hala, hala!, a pringar:
a ésos, Médicos en prácticas.
Y a su cola, y a su ritmo.

Y si hay muchos, ¡pues que esperen!
como lo hacíamos nosotros
antes de estos tiempos plenos
de paz y prosperidad.

Y en las máquinas de hacerse
radiografías y otras cosas,
lo mismo, ¡sí, sí!, ¡lo mismo!:
españoles, a una cola,
extranjeros, a otra cola.

Esto es lo que pide hoy
el arrinconado Ibarra,
el retrógrado integral.

¡Que hay que tener mala leche!

Con lo bonito que es ahora,
y quererlo estropear...

Miren, yo mismo ahora pongo
un ejemplo ilustrativo;
mi caso particular.

Yo tenía que operarme
de cataratas de un ojo,
del que me queda algo útil
o bueno, que el otro inútil:
apenas un diez por ciento
de visión; y esto, con gafas.

¡Pues eso!, que yo tenía
que operarme urgentemente.
Y como tal me pusieron
en la lista: como ¡¡urgente!!
¡¡Urgente!!, sí: ¡un año y medio!,
lo que tuve que esperar.

Pero yo, ¡tan ricamente!
Medio ciego, pero ¡bueno…!
Yo, más de cuarenta años
cotizando en el Sistema,
y ésta, la primera vez
que yo iba a utilizarlo…,

pero bueno…, yo, tranquilo,
yo, comprensivo y paciente,

porque yo acepto la lógica
y acepto la realidad.

Yo sé que venían criaturas
de Bélgica, de Inglaterra,
de Marruecos, de Alemania…,

que venían aquí a operarse,
como yo, de cataratas,
porque a ellos, en sus países,
no se lo hacían…, ¡y es lo lógico!

Yo me tendría que esperar.

Pues me esperé mi ¡año y medio!

Ayudándome de un palo
para saber dónde el suelo,
si no me quería matar…,

viendo las casas, los coches,
las farolas, los semáforos,
las personas, los carteles,
borrosos y desdoblados…,

leyendo con una lupa
que ni la de "Sherlok Olmes…",

poniéndome la pantalla
a diez o doce centímetros…

Pero, bueno…, yo, ¡a esperar!,
yo me esperé mi ¡año y medio!

Y esto que digo por mí,
contado a modo de ejemplo,
podría decirlo por otros
casos, ¡muchos!, que conozco;
tendría para no acabar.

Y orgulloso y contentísimo.

Porque esto es ¡muy hermosísimo!
¡y muy chachiedificante!

Dicho en palabra académica,
esto es "solidaridad".

Con ¡¡todos!! nuestros amigos
de ¡¡todo el Mundo!!, ¡¡de todo!!,
de ¡¡toda!! la Humanidad.

Que con ¡¡todos!! los amigos
de ¡¡toda!! la Humanidad
compartamos los recursos,
nuestros recursos de España,
esto es ¡muy, muy, muy bonito!

Pues bueno; pues lo que digo:
sale un personaje público,
-de Extremadura, ¡ahí es nada!,
la influencia que eso tiene-,
y va y se pone a largar,
¡¡¡otra vez!!!, gilitontadas.

Y, hoy, sobre la sanidad;
como si él supiera algo;
como si él supiera de algo.

¡Si hasta tuvieron que echarlo,
al tío...!, ¡si inútil total...!

Sólo aguantó veinte años
de Presidente: ¡¡ridículo!!,
¡si sería inútil, el tío!

¡Y si sería carcamal!

¿Y aún, ¡el tío!, aún con sus rollos,
y con sus ideas "brillantes..."?

En fin; un caso ¡¡patético!!

Y, en fin; para no enfadarme,
y no mancharme las gafas,

y así seguir medio viendo...,

mejor, ¡me voy a callar!

Masuriel

41

Y, la siguiente, otra noticia a la que mereció la pena dedicarle un ratito y unos humildes versillos. Por lo que tenía de premonitoria. Que bien hemos sabido después cómo está, y en lo que está. Porque al adalid de la judicatura española siempre le han tenido unos y otros unos celos y una manía...

"El CGPJ multa con sólo 300 euros a Garzón por la fuga de un narco.

... El mismo día en que el Tribunal Supremo ha vuelto a admitir una nueva querella contra el juez Baltasar Garzón por prevaricación, la Comisión Disciplinaria del Consejo General del Poder judicial (CGPJ) ha acordado imponer una multa de 300 euros a Garzón al estimar que incurrió en **una falta leve en relación con la excarcelación de dos presuntos narcotraficantes turcos**, *uno de los cuales aprovechó esta circunstancia para huir...*

El expediente contra Garzón fue incoado a principios del pasado mes de octubre a raíz de la denuncia que presentó el sindicato Manos Limpias contra el magistrado tras conocerse por la prensa la puesta en libertad de los dos presuntos narcos...

... la falta de Garzón consistió en **un retraso a la hora de solicitar la prórroga de la prisión preventiva de los delincuentes...".**

(Libertad Digital, 25/06/2009)

¡¡TODOS!! CONTRA GARZÓN.

¿¡Trescientos euros…!?,
                    ¿¡¡¡trescientos…!!!?

¡Por Dios, qué barbaridad!:

¿¡¡¡trescientos euros de multa…!!!?,

¿y por "prevaricación…"?

Esto es ya ¡¡recochineo!!

¿Prevaricación es eso:
que a dos narcotraficantes
él los dejara en la calle…?,
¿eso es prevaricación…?

¿Si, además, eran dos turcos…,
¡ya ves tú!, dos simples turcos…?:
¿¡¡¡trescientos euros!!! por eso…?

¿Y eso a un probo Juez estrella
que anda por ahí, ¡pobrecillo!,
teniendo que hacer chapuzas
que ¡para nada! él quisiera,
para poder ir tirando:
mesas, charlas, seminarios…?

¿¡¡¡Trescientos euros!!! por eso?,
¿un sablazo de ese monto
a un Juez que ya ¡tan justito!
de paga, o salario neto…?,

¿a un Juez que ¡tan moderado!,
¡tan prudente! y ¡tan discreto…!?

¿Por dos que han pillao el montante
-dicen- por culpa de él,
del Juez Garzón, cuando Juez,
un castigo ¡¡tan inmenso...!!?

Yo no salgo de mi asombro,
¡qué barbaridad tan bárbara!

Hoy, veinticinco de Junio
del Dos mil nueve, lo traía
la prensa a toda página.
Para disfrute de necios.

Que ¡seguro! que disfrutan
los sacamantecas siesos
de la prensa.
                        ¡Y de las radios!
¡Y de las televisiones!

Que en esto, ¡todos a una!,
¡todos! la mar de contentos
con que al buen Juez se le pegue
un bocado como éste,
repito, en su exiguo sueldo.

Y es que..., ¡qué injusta es la vida!

Porque todo este montaje
viene de sus compañeros,
¡de sus propios compañeros!,

¡que se retuercen de envidia!
porque lo ven cómo triunfa
aquí y en el Mundo entero,
¡y no pueden soportarlo!

Y por eso se dedican
a acosarlo, a acusarlo,
a apretarlo…, ¡¡y a joderlo!!

Como con este multazo
¡tan brutal!, que ahora le imponen,
ya he dicho: ¡¡¡trescientos euros!!!,
¡vamos!, que se dice pronto.

Para buscarle la ruina
a un señor y a un caballero,
como lo es el Juez Garzón.

Juez que ¡¡¡nunca!!! le hizo el juego,
ni se lió en ningún Partido,
ni él fue de número dos
del González; eso, ¡trola!
que algún desbaratador
estúpido y malasangre
empeñado en maliciar.

¡¡¡Nunca!!! él se prestó a ese juego.

Ni él ¡¡¡nunca!!! en el "Once Eme"
olisqueando y buscando,
cuando él allí no él era nadie,
ni él nada pintaba en ello.

Ni él ¡¡¡nunca!!! un auto sin pruebas
contundentes y elocuentes,
y perfectamente hecho.

Ni él ¡¡¡nunca!!! un carpetazo,
ni él ¡¡¡nunca!!! un olvido tonto,
ni él ¡¡¡nunca!!! un lío hipotético.
Él, a lo suyo: ¡a currar!
a encauzar causas legítimas
poniendo él todo su empeño.

Sin fronteras en kilómetros
y sin fronteras de tiempo:
él, a encauzar causas nobles.

Desde la imparcialidad,
desde la objetividad,
desde la cordialidad,
desde el trabajo ¡bien hecho!

Pero, lo dicho: ¡la envidia!
y ¡los asquerosos celos!,
los que llevan a estos actos
¡tan requetemiserables!
a quienes luego presumen
de "leales compañeros".

Que ¡qué hipocresía, por Dios!,
¡qué mala leche, por Dios!

Yo, es que con esto ¡¡no puedo!!

Pues, ¡hala, hala!, seguid:
¡todos! contra el Juez Garzón.

A ver si podéis echarlo,
se mueve el escalafón,
y podéis trincar su puesto.

Que es lo que se os ve a la legua.

Ya que no tenéis arrestos
a echarlo de otra manera,
¡pues eso!: a jugarle sucio
y a tratar de arruinarle.

¡Ahora!, sabed, ¡miserables!,
que la Historia hará justicia.

Y hablará la Historia de él.

Y hablará del gran Garzón…,
¡¡hasta el "Güili Toledo"!!

Masurie

42

Y reconozco otra vez que escribir la siguiente contracrónica también me llenó de honda tristeza; por lo que había detrás de ella.

Fue que supimos que, de manera no muy lícita y no muy transparente, el Gobierno ZP otorgó un nuevo canal de televisión a primeros del año 2006; uno que se llamaría "La Sexta".

¡Un chollo!, debía de ser la cosa, a juzgar por la de pretendientes que tuvo, de entrada.
Y habrían merecido todas las felicitaciones los afortunados adjudicatarios, de no ser que la tal concesión les había sido hecha, ¡¡cómo no!!, a un ¡¡muy amigo!! personal del señor Presidente Rodríguez.

Y con ese ¡¡muy amigo" personal del señor Presidente Rodríguez se alió, formando la cabeza de la nueva emisora, -"La Sexta"-, un "personaje" muy popular y muy querido por todos, creo yo, hasta entonces.

Pues, en esta ocasión, ya digo, la ironía se me hacía casi imposible ejercerla; ésta, otra de esas veces; y al preguntarme:

¿TÚ TAMBIÉN, "MILIKITO"?

Yo ya lo sé que es normal,
que a todo el mundo le ocurre,
que es lo único prioritario,
que a la hora de medrar
y tratar de hacerse rico,
aquí, ¡¡mariquita el último!!,
yo ya lo sé, ¡sí!, lo sé.

Ya lo sé que así es España,
¡¡ya lo sé, sí, ya lo sé...!!,
pero a mí me ha hecho un daño
en mi fe y en mi moral
lo que has hecho, **"Milikito..."**.

El que hijo del "Miliki",
y sobrino del "Fofó"
y del "Gabi", "Los payasos
de la tele": ¡¡mucho daño!!

Y es que no puedo aceptar
que tú seas otro corrupto,
"Milikito", otro enchufado,
y otro chupador del régimen
zapaterorubalcábico.

¡Si a ti te venía de raza,
hombre...!, si tenías talento
e ingenio más que sobrados
para ganarte la vida
de forma limpia y honesta...,

¡si eso a ti ninguna falta...!,
pues, ¿por qué te habrás prestado
a este trance sospechoso
de arbitrario y apañado?

¿por qué...?, ¿por qué lo habrás hecho,
y, ¡encima!, dando la cara,
y abrazado a un tal **Contreras**,
un, del Zetapé, amigacho...?

A mí algo no me cuadra,
algo me huele a podrido.
(Y no creo que sean los pies,
pues me duché el mes pasado).

Como poco, no lo entiendo:
Emilito, te han drogado,
o te han narcotizado,
o te han hipnotizado.

Una carrera tan limpia,
de alguien tan cercano al Pueblo,
tan leal, tan buena gente...,
y que lo haya, la política,
ganado en el comedero...

¡Qué pena!, y eso, y ¡qué asco!

Casi de hoy lo recuerdo,
cuando José Antonio Plaza
te pidió, en lejana fecha,
que, por favor, no cambiaras,
¡¡¡nunca!!!, tu rumbo en la vida.

Que te mantuvieras tal
como Dios te había creado,
como eras, y te veíamos:
un "Milikito" entrañable,
un "Milikito" ocurrente,
un "Milikito" cordial...
Hoy, estará el señor Plaza
sintiendo vergüenza ajena;
me atrevo a pronosticarlo.

¿Y tu padre...?, ¿y tu familia...?

Que, hoy, el líder por talento
de esa saga de abnegados
se preste a estas maniobras
y a estos mangoneos políticos...

¡Las vueltas que da la vida!,
lo que corrompe el poder,
¡lo que arrasa! la avaricia,
el dinero, ¡lo que puede!

...

En fin; aquí queda escrito
lo que pienso y lo que opino
sobre lo que ya es pasado,
acerca del personaje
que admiré profundamente
por su impronta y por su ingenio:
Emilio Aragón, "Milikito".

Otro hombre bueno ¡¡al pesebre!!,
otro hombre, ¡¡"ar corrá"!!, llevado.

Bueno, igual no eras tan bueno;
bueno, igual no eras tan hombre,
"Milikito", igual no lo eras.

Y ahí te rematarás.

Si ya no estás rematado.

Masuriel

43

"Bono dirige en persona las obras en el piso de lujo que regaló a su hijo".
"Exigen a Bono que diga 'de dónde sale el dinero' para el piso de su hijo".
(intereconomía.com, 29/03/2010)

"La familia Bono posee dos áticos más en Estepona. Un piso de lujo para el hijo en el Madrid de los Austrias y un chalé cerca de Toledo, un ático en el barrio de Salamanca, y ahora otros dos en Estepona. Y la lucrativa hípica que el presidente del congreso no declaró. El patrimonio desconocido de la familia Bono no deja de crecer".
(libertaddigital.com, 12/04/2010)

"Los áticos de Bono", por Fray Josepho.
(libertaddigital.com, 13/04/2010)

"Dudas sobre cómo consiguió su patrimonio. Bono adquirió dos áticos en Estepona y no uno como aseguró a un diario nacional para rebatir las informaciones sobre su ingente patrimonio. Además, tampoco dice la verdad sobre de dónde sacó el dinero...".
(libertaddigital.com, 15/04/2010)

"Cuál es el patrimonio de Bono? Bono decidió el lunes actuar y llevar a la Fiscalía todos sus datos sobre su patrimonio. Este martes trató de lograr el apoyo del Congreso a sus cuentas. Y hoy, los datos están en la prensa. Mientras algunos creen a pies juntillas su versión, otros arrojan algunas dudas".
(libertaddigital.com, 15/04/2010)

"A nombre de Hípica Almenara. Bono también olvidó declarar que acaba de comprar otro piso en Alicante. Bono olvidó mencionar en su declaración de bienes que hizo al fiscal General del Estado que acaba de comprar otro piso en la localidad alicantina de El Campillo por el que ha pagado 360.000 euros. Con éste, ya son tres los inmuebles que ocultó en dicha declaración".
(libertaddigital.com, 16/04/2010)

"Con el sueldo de un cargo electo difícilmente se puede hacer el patrimonio que ha amasado Bono ni tampoco llevar su ritmo de vida. Es imposible. Yo llevo trabajando desde los 14 años y sólo tengo una pequeña parcela".
(Manuel Fuentes, (IU), alcalde de Seseña (Toledo).
(Intereconomía.com, 27/04/2010)

"La Asociación Liga Española Pro-Derechos Humanos ha denunciado a Bono ante la Fiscalía General del Estado para que investigue si existe algún delito en que haya incurrido el presidente del Cngreso o alguna de las empresas de las que es accionista".
(Intereconomía.com, 28/04/2010)

"Según publica este jueves La Gaceta, la constructora Reyal Urbis pagó la decoración de la casa de José Bono en Salobre. El diario aporta el cheque firmado por el constructor Rafael Santamaría por valor de 13.246 euros. También pagó la decoración de dos habitaciones de otra casa de Bono".
(libertaddigital.com, 29/04/2010)

¿UN APROVECHADO EL BONO?

¡¡Pero, hombre, eso es mentira!!,
eso es todo una patraña
del Aznar, y del Rajoy,
y del Camps, y de la Celia,
y del ínclito Zaplana.

Si el Bono un pobre como otros...,
como ¡tantos socialistas...!,
si el Bono no tiene ¡nada...!

Su sueldecito justito
por lo que hace en el Congreso...,
-ya ves: ni doscientos mil-,
y pare usted de contar,
si aquí no hay cartón ni trampa...
Su jornal, y eso lo es todo.

Si hasta su mujer, ¡la pobre!,
tiene que echar una mano
haciéndose unas horitas
para salir adelante.
Creo que limpia una escalera
tres días en una casa.

Pues, por eso, lo que dicen
sobre él ahora es ¡¡bien falso!!,
y ¡¡bien falso!! lo que dicen
sobre ésa, que es ¡una santa!

Pero si hasta a su consuegro
-el "Raphael"- ha tenido
que pedirle algo de pasta
el Bono..., porque apurados.
¡Prestada, claro, prestada!

Y más de una vez lo ha hecho
para, ¡el pobre!, y su familia,
llegar a final de mes.

Que, claro, como ése es noble…,
mejor: su mujer es nobla…,
pues, ¡sí, sí!, ése sí tiene.

Para ir a llenar un carro,
siquiera, al "Mercadona",
que es donde hay más marcas blancas.

¡Si son pobres como ratas!

Por eso me escandalizo.

¡Vamos!: ¿que el Bono forrado,
y que ¡una pila! de fincas
y que ¡una pila! de casas…?

¡Hay que tener mala leche!

Eso son majaderías
de la derechona mala
representada ahora
por los perlas y las perlas
del "Intereconomía",
y "La Gaceta", y "El Mundo",
y el "Libertad Digital!,

esa ¡impresentable! harca
de faltones y de cínicos
que en lugar de dedicarse
a hablar del Dioni, del Lequio,
del Bisbal, de La Veneno
y de la Belén Esteban,
pues ¡todo el día! se lo pasan
indagando sobre el Bono:

que si cuentas, que si archivos,
que si registros…, buscándole
cosas en donde no hay ¡¡nada!!,
¡¡nada, de nada, de nada…!!:

un triste sueldo oficial,
digo: ni doscientos mil,
para llevar una vida
sin extras y organizada.

¡Eso es todo lo del Bono!

Que, ¡el pobre!, ni en el cepillo
de la Iglesia puede, ¡el pobre!,
echar, siquiera, cinco euros
cada domingo, ¡qué lástima!,

que con esos cinco euritos,
cuando él vuelve ya de Misa,
tiene él para un cartón
de "Pascual", cuarto de azúcar,
una gaseosa y dos barras
de medio, para ir tirando…,
¡que está la cosa achuchada!
¡Y bien lo sabe eso él!

Por eso, cuando yo escucho
o veo escrito por ahí
que el Bono está súper rico
y forrado hasta las trancas,
me dan ganas de reír.
Bueno, o mejor, ¡de llorar!

Cuando empiezan con el rollo
de que si una residencia
familiar súper grandísima
allí en Olías del Rey…,
que si un piso en Estepona,

o dos…, que si unos terrenos
rurales y una casa
en Salobre…, y un chalet…,
y otro piso en el Campello,
y otro piso ¡en todo el centro!
de Madrid para su hijito,
y un ático ¡macanudo!
del Barrio de Salamanca…,
y dividendos copiosos
de la "Hípica de Almenara…",

y que su dilecta esposa
es la administradora
de ¡¡siete tiendas!!, ¡no veas!,
y que con ello ¡se hincha!,
¡no veas!, a traer billetes…,
que se los lleva ¡a espuertas!,
los euros, para su casa…,
¡para la casa del Bono…!,

y que él mismo, ¡el mismo Bono!,
ha dicho que él ha firmado
un suculento contrato
con la "Planeta", para él
contar allí sus memorias…

¿Sus memorias?: ¿qué "memorias"
son las de un pobre cateto
baldado de trabajar?

¡Bueno, bueno, bueno, bueno!,
¡qué barbaridad tan bárbara!
sobre esta buena familia.

Si ya no tienen ¡ni coche!,
ya, ¡ni coche!

Para ahorrar.

Se han hecho con una usada,
una de segunda mano,
-una "Sanglas"-, y ahora van
en invierno ahí pelándose...,
o asándose de calor
cuando en verano abrasante...,
pero, claro, hay que apañarse,
que las cosas andan malas:
¡¡anda, que el Inem está...!!

¡Ah!, y ropa, de mercadillos,
¡nada de ropa del "Zara"!

Por eso digo y repito:
¡qué colosal despropósito!,
¡qué cúmulo continuado
de especulaciones falsas
y torpes, y con el único
afán de llenar de caca
-o de intentarlo, a lo menos-
a este señor ejemplar
y noble en donde los haya.

El señor Bono, ¡sí, sí!,
Presidente del Congreso
y ex Presidente llorado
de la Castilla La Mancha.

¡Y socialista auténtico!

¡Y cristiano eso: católico,
apostólico y romano!

¡Y consuegro del "Raphael"
y de la doña Natalia,
que eso ya sí que es ¡lo máximo!

¡Ah!, y del Madrid, ¡no del Barsa!

¿Pero que él se aprovecha
de su estancia en la política
para llenarse la saca…?,

¿eso el Bono…?, ¿¡el socialista…!?:

¡vamos!, no me hagan reír,
que se me saltan los puntos
frescos de las almorranas.

Hoy es uno de esos días
que yo me pongo a escribir
obligado por los hechos
y las duras circunstancias.
Porque me siento ¡¡indignado!!

Porque es que encuentro ¡¡tan feo!!
que se ceben con un hombre
que siempre ha sido el emblema
de la honradez y la casta…

Un hombre que él ¡¡¡jamás!!!
un mal gesto a nadie, ¡¡¡nunca!!!,
ni una chulería con nadie,
ni una mentira, ni un rollo,
ni una zancadilla táctica…

Me siento ¡¡tan indignado…!!

Como yo sé lo que es
estar en ese lugar,
por eso le tengo lástima;
yo, al Bono, hoy, ¡mucha lástima!

Que pasándolo fatal.

Yo lo sé, que yo aún me acuerdo
de cuando estuve como él
recibiendo estopa a diario
¡tan cruel! e injustamente.

Total, por cuatro cafés
y cuatro toques de nalgas
y cuatro comisioncillas…,
¡¡y la que a mí me liaron…!!

Como ahora hacen con él;
¡¡por envidia!!; a él y a mí.

Por ser yo entonces lo que era
y hermano yo de quien lo era,
y él por ser como él lo es.

Que en esta envidiosa España,
si eres bueno ¡estás perdido!

¡¡Tanta!! es la envidia cochina
de ¡¡tanta!! gente frustrada…

Pero, en fin; es lo que hay.

Y hoy le ha tocado la china
a éste, mi amigo del alma.

A ti, ¡sí!, mi buen amigo
Pepe Bono, ¡sí!, mi íntimo.

Teniendo, como tenemos,
¡¡tantas!! cosas en común
y, de anhelaciones, ¡¡tantas…!!

Pero, en fin, ¡es lo que hay!

Tú, llévalo con paciencia.

Como lo llevé yo mismo,
que ¿qué le vamos a hacer?,
como lo llevó tu amigo
Juan Guerra: ¡es lo que hay!

¡Y eso!: a tu disposición
para lo que te haga falta.

Masuriel

44

Y, la que comentaré a continuación, otra anécdota
¡muy conocida! que me llegó un día por boca de
uno que sabía mucho de todo. Y ésta, referida a
la señora de un altísimo cargo muy conocido
también, contemporáneo nuestro, y del que
¡¡todos!! nos habíamos sentido alguna vez muy
orgullosos y muy contentos.

Y la señora era muy aficionada al "bel canto…",
y al pelo cortito y rubio al agua oxigenada…,
y le pirraba nadar en piscinas militares…,
y tenía dos niñas muy monas y muy fotogénicas...

Y ya no digo más.

UN CHASCO BIEN DIPLOMÁTICO.

Con toda cordialidad
pero en un tono algo seco,
una señora, a un amigo
de su esposo que aquel día
había ido a visitarles,
con cierto aire de maldad
se permitía este reproche.

¡Ah!, y que era boxeador,
no se me pase el detalle.

Pues va, y le suelta al que digo:

-   La verdad, yo no comprendo,
    cómo usted puede pegarle
    una tremenda paliza
    a alguien que usted ¡ni conoce!

A lo que responde el púgil
con una amplia sonrisa:

-   ¡Precisamente por eso!,
    precisamente le pego…,
    o me pega él a mi
    si yo no me ando listo,
    no por rabia ni por ira:
    él y yo, ¡sí!, nos pegamos…
    ¡por sentido del deporte!

No como fuera del ring
hacen los demás, por cierto.

Anótelo usted, señora.

Ella bajó la mirada
y acató el sutil reproche
en clave, de su marido,
quien también estaba allí,
un hombre de gran talante
y que sí captó también
el diplomático azote…,

y, ¡no!, no le contestó;
ella bajó la mirada,
y ¡no!, no le contestó.

Más por falta de argumentos
que por ganas de vengarse
de aquel ¡cacho mastodonte!,

pues que, si hubiera podido,
le habría partido las piernas
por las rodillas, y un brazo,
y pinchádole los ojos
con dos agujas del doce.

Después de haberlo capado.

¿Quién dijo que exagerado
que un pizquín de mala leche,
lo que tenía la señora?

Y cuando en La Moncloa,
cuando estuvo en La Moncloa,
-se dice- ya, ¡¡el acabóse!!

Masuriel

45

Vaya la siguiente fantasía en recuerdo piadoso y respetuoso
de un famoso señor murciano, otro gran personaje que se
dedicaba a eso del circo y todo eso.

Y que en paz descanse. El señor murciano.

UN FENÓMENO DEL CIRCO.

- ¡¡Es fabuloso!!!, ¡¡¡asombroso!!!,
lo que han conseguido ustedes.

Me lo habían contado y, créame:
no me lo había creído.

Por eso, personalmente,
¡para verlo con mis ojos!
hoy aquí estoy y he venido.

¡Porque no me lo creía!

Esto, lo que le decía
aquel hombre impresionado
al que el Director del circo.

Y, emocionado, seguía:

Meter en la misma jaula
y mantenerlos juntitos,
como los tienen…, ¡¡qué bárbaro!!,
a un tigre, a un león,
a un leopardo… ¡¡y a una cabra…!!,

¡vamos!, yo lo veo insólito,
¡es que eso no hay quien lo haga!,
es que eso es ¡¡un milagro!!

¡¡Jamás!!, algo así había visto.

Y eso dice ¡¡mucho, mucho!!,
de profesionalidad,
paciencia, celo y conciencia
que ha de haber en este circo

que usted dirige y gestiona
de forma espectacular.

Yo estoy ¡¡tan impresionado!!,
yo estoy ¡¡tan sobrecogido…!!

Y, dígame usted, señor:

Y ustedes, ¿cómo lo logran
que esos cuatro animalitos
convivan en esa jaula,
como se ve: tranquilitos,
quietitos, sosegaditos…?,
¿cómo lo hacen?, ¿cuál el método?,
¿cuál el truco?, ¿qué han ideado
para eso conseguirlo?

Y, don Ángel, con una amplia
sonrisa de lado a lado,
le contesta:

-    ¡Muchas gracias,
     señor!, por esas palabras
     de alabanzas a esta casa
     y alabanzas a mí mismo.

Y le respondo:

¡Es muy fácil!
Para que esos animales
salvajes así convivan
dentro de la misma jaula,
sólo aplicamos la lógica;
la lógica; es muy sencillo:

cada día les echamos
una cabra nueva, ¡¡y listo!!

Ángel Cristo era ¡un fenómeno!

Y Bárbara lo sabía,
y por eso lo adoraba.
En su día, ¡lo adoraba!
Aunque luego, con los años
y alguna tonteriílla
por ¡la leche! del alcohol
y la ¡leche! de los vicios…,
pero ella lo adoraba.

Y él la adoraba a ella.

Y él quería a sus animales
salvajes, ¡sí!, ¡más que nadie!

Antes de la mala racha.

Ellos lo querían muchísimo;
ella y ellos, a él, ¡¡muchísimo!!

Y él, una estela de amor
en la una y en los otros,
que es lo importante y bonito.

¡Siempre lo recordarán!,
¡todos lo recordarán!,
porque sí fue un hombre bueno…,
aunque un poco confundido.

¡Todos lo recordarán!

Exceptuando a las cabras,
¡eso sí!, ¡y a los cabritos!

Masuriel

46

*"Fue secretario electoral del PP en 1999.
El ex alcalde de Pozuelo recibió de Francisco
Correa un Jaguar de 52.000 euros.*

*El Mundo revela que Francisco correa, principal
imputado por el caso Gürtel, pagó a fines de 1999
unos 8,6 millones de pesetas por un Jaguar que
cinco días después fue registrado a nombre de
Jesús Sepúlveda, dimitido alcalde de Pozuelo,
entonces secretario electoral del PP y ex esposo
de Ana Mato.*

*(Libertad Digital) Según cuenta este jueves
Antonio Rubio en El Mundo, Jesús Sepúlveda, que
dimitió hace pocos días como alcalde de Pozuelo
de Alarcón aunque se mantiene como concejal,
recibió el regalo de Francisco Correa cuando era
senador por Murcia...".*

(Libertad digital. Jueves 12 de Marzo del 2009).

UN "JAGUAR" PARA UN AMIGO.

¿Y qué, cincuenta y dos mil?,

¿qué son cincuenta y dos mil,

¡a ver!: ¡cincuenta y dos mil…!?

Si eso una simple propina,
si eso una cuenta ridícula,
si eso ¡una mierda!, ¡una caca…!

¿Y por esa nadería,
a darle la murga, ¡¡hala!!,
a un noble y pobre individuo,
porque alguien tuvo el volunto
de regalarle un "Jaguar…"?

¡Un "Jaguar", sí, sí: un "Jaguar"!

¡No una fieraza, no!: un coche,
un coche, sí, sí: un "Jaguar".

De ésos que los hay ¡a miles!,
¡¡a millones!!, por España.

¿Y por eso tanto escándalo…?

Pues eso: ¡¡menudo escándalo!!,
el que ahora están montándole
a ese pobre tonto el haba,
¡sí, sí, sí!, al Jesús Sepúlveda,
uno que era del PP,
y fue alcalde de Pozuelo
(Madrid). Por esa tontada

de aceptar un regalito
del tal Francisco Correa,
su leal y fiel amigote.

Ahora le están dando caña.

Hoy viene -que ¡cómo no!-
en "Libertad Digital",
hoy, día doce de Marzo
de este año Dos mil nueve,
¡hoy mismito, sí!, lo sacan.

Hoy, ¡otra vez! descarnando
a un probo servidor público
¡esa recua!, ¡esa harca!

Total, por una memez,
por una gilitontez,
por un pellizquín de nada.

Eso: cincuenta y dos mil
euruchos…, o poco más,
por eso, ¡por esa caca!

Por eso, hoy descarnándolo
al pobre **Jesús Sepúlveda**.

Que hay que tener ¡mala leche!,
como tantas veces digo,
por suerte o por desgracia;
que haber mamao ¡¡mala teta!!

A mí, es que me da vergüenza
ajena, ver todo esto,
a mí, es que me dan ¡¡arcadas!!

De asco y de repulsión.

De ver que hay ¡tanta maldad!
en esta asquerosa España.
Bueno, no, asquerosa no;
quizás me he pasado un poco.

¡Asquerosa!, la mitad:

El "Libertad digital",
"La Razón", "La Cope", "El Mundo",
"Popular Televisión…",
un trozo del "Onda Cero…".

Ésos, ésos ¡¡¡asquerosos!!!

Los que las noticias sacan
tal como ésta la sacan.

¡Que a ésos les daba yo soga!
por decir siempre verdades,
y por desmoralizarnos,
¡¡¡troneras!!!, ¡¡¡pililasflácidas!!!,
yo, a todos ésos, ¡¡¡ahorcarlos!!!

Qué diferencia a la SER…,
qué diferencia a "El País…",
qué diferencia a "La Uno",
al "Telecinco", a "El Periódico",
a "La Dos", a "La Vanguardia…".

Que ésos sí gente decente,
y ésos sí labor social.

¡Y responsables y buenos!

¿Pero esos otros misántropos?,
¿pero esos otros maniáticos?,
¿pero esos otros tontarras…?

¡Pues eso!: que hoy la han tomado
con el pobre Sebastián.

Por el triste cochezucho
que le dio otro buen señor
-**Francisco Correa**, ¡su amigo!-,
como gesto de cariño,
como gesto de amistad
desinteresada y sana.

Y esa tropa de lunáticos,
de beatos…, ¡¡de bandarras!!,
a estas dos criaturitas,
pues hoy, ¡pobriños!, poniéndolos
del color de la espinaca.

Cuestionando la honradez
del receptor, del Sepúlveda,
e insinuando que el dador,
el Correa, un oportunista
moral, y un poco canalla.

Vuelvo a decir: ¡¡¡mala leche!!!,
hay que tener: ¡¡¡mala leche!!!
para dar estas noticias
de esta manera ¡tan zafia!

¡Con la de problemas que hay…!:

la Rociíto y su padrastro,
la Marujita solita,
los de la Dúrcal peleándose,
-que en Gloria está: ¡¡¡gran señora!!!-,
la Pantoja ¡chao! al Muñoz,
la mamá Güiza a las novias,
el Paquirrín, ¡venga "fantas…"!

¡Con la de problemas que hay!,
y éstos que decía, y digo,
éstos, ¡dándonos por saco!
con noticias de esa traza…

Que no es que no sean verdad…,

pero, ¡¡¡leche!!!, hay que callárselas…,

¡¡¡joder!!!, un poco de tacto…,

¡¡¡copón!!!, un poco de escrúpulos…,

¡¡¡hostias!!!, ¡que nos acojonan!,
-¡con perdón!, pero es verdad-
¡que siembran la inquietud
en la noble raza hispánica!

¡¡¡Por Dios!!!, un poco de escrúpulos…,
de responsabilidad…

En fin; me voy a callar,
que esto me saca de quicio,
y la urea se me dispara.
Que ya me lo estoy notando.

Si van a seguir haciéndolo,
si la suerte ya está echada.

Inútiles, los consejos
al "Libertad Digital",
a "La Cope", a "La Razón",
a "El Mundo", al "Onda Cero",
al "Popular…": ¡¡¡todo inútil!!!

Van a seguir dando vara
y creando crispación.

Van a seguir aireando
los casos de trincoteo,
los casos de compadreo,
los casos de manguerío,
los casos de corrupción...

Van a seguir, ¡como siempre!

Que ésos ¡no tienen remedio!,
que, a ellos, ¡como si nada!

En fin, sí, lo dejaré,
y me pondré a descansar.

Yo, es que con esto ¡no puedo!

¡No me olvido!, aunque quisiera.

Que yo también fui otra víctima,
y hace bien poco: ¡otra víctima!

¡Bien poco!: yo, el mes pasado.

¡Mira que la que me liaron!,
por haberme ido de caza,
también con unos amigos,
por la simple chuminada
de que yo iba sin licencias,
sin cuotas de afiliación,
sin recibos, sin permisos...,
¡¡mira que la que me liaron...!!

¡Los de siempre!, ¡esos histéricos...!,
¡¡mira que la que me liaron...!!

¡Que me han buscao una ruina…!,
¡que me han destrozao el futuro…!,
¡que me han arruinao la vida…,
yo que la tenía "en colores…!,
¡¡¡coño…!!!"

¡Sí!: voy a dejarlo.

Y a darme por ahí un garbeo,
a ver si veo al Juez Marlasca.

Masurie

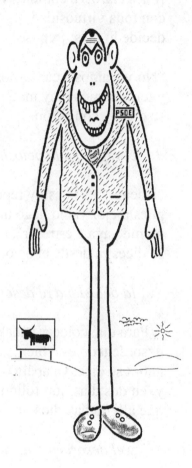

47

¡A la medida de este personajo!

UNA FRASE LAPIDARIA.

"La virtud conduce al reposo...,"

¡Pues claro! Y como es virtuoso,
con toda virtuosidad
decide lo más: ¡reposo!

"No vayamos a cansarnos
y terminemos muy mal",
se dice, y con razón.

"... el reposo a la ociosidad...,"

"Bueno..., y si estoy reposando,
pues mejor ya no hago nada,
no me vaya a estresar",
se dice, ya desde el ocio.

"... la ociosidad al desorden..."

"¿Para qué colocar nada?:
desordenado está bien",
ahora se dice, ya apático,
y, en dos días, ¡un follón!,
que allí no hay dios que se aclare.

"... y el desorden a la ruina".

¡Claro!, ya no encuentra nada:
se le han perdido las llaves...,
el despertador sin pilas...,
la nevera sin "danetes"...,

el microondas se escoña...,
la lavadora no lava...:
¡¡un desastre, oiga, un desastre!!

¿Que quién acuñó esta frase
tan negra y tan lapidaria?:

fue "Nicolás Maquiavelo".

Bueno, eso ponía debajo.

Que yo no sé quién sería
ese señor, desde luego,
pero lo que yo sí sé
es que el tío estaba pensando,
¡¡¡seguro!!!, en el Zetapé.

Que tampoco sé quién es
ese Zetapé dichoso,
pero he oído hablar tanto
de él…, y de sus virtudes…

¡Sí, sí!, seguro que es él.

Seguro que fue a él,
al Zetapé ése dichoso,
al que el señor "Maquiavelo"
le dedicó esta frase
tan lapidaria y tan fina:

*"La virtud conduce al reposo,
el reposo a la ociosidad,
la ociosidad al desorden
y el desorden a la ruina".*

Bueno, y si no al Zetapé,
a otro que ni sé quién es,
¡a ese!: al Joaquín Sabina.

Masuriel

48

Y ya me estoy aproximando al fin del recopilatorio.
Y siento mucho tener que traer de nuevo otra crónica triste.

UNA POLICÍA CHINITA.

Chinita, ¡sí, sí!, chinita;
me refiero a una mujer
de la China: a una chinita.
Una de ésas que han logrado
sobrevivir de milagro.

Que, ¡al hoyo!, han ido ya ¡tantas!
por no ser niños, sí niñas,
desde que el dichoso Mao...

Pues ésta, sí, una chinita.
Y esto pasó ayer día nueve
de Julio del Dos mil diez.
Lo daban todas las teles.

Y, por una vez, las teles,
una noticia atractiva.

Esto sucedido había
en China, en su capital,
en Pekín, concretamente.

Un hombre joven salía,
muy violento y alterado,
con una chica agarrada
con su brazo, por el cuello,
y, en la mano, unas tijeras
con las que hecho le había
a la chica, en la cara,
cortes y unos cuantos tajos,
y con las que amenazando
a hincárselas en el cuello
y, finalmente, ¡matarla!,
si huir no le permitían.

O sea, ¡un atracador!
que a robar había entrado
a una tienda, en pleno día,
y que, al verse sorprendido,
había agarrado a una chica
que nada tenía que ver,
y que por allí andaría,

y la hizo su rehén
para que los Policías
no lo detuvieran preso,
pues cercado lo tenían.

Y eso, lo que habían filmado,
en aquel momento expreso
en que el ladrón agarrándola
por el cuello a la muchacha,
ya digo, y amenazando
con degollarla allí mismo
si el paso no se lo abrían.

Pues en toda esa tensión,
en ese momento, asoma
otra mujer -otra china-
dirigiéndose al sujeto,
-se deduce, porque en Chino-
diciéndole e insistiéndole
que soltara a su rehén
y no le hiciera pupita.

Tratando de intermediar
por las buenas. Pero el hombre,
el chino, amenazando
clavárselas en el cuello
las tijeras, a la mínima.

Y la valiente mujer,
hablándole y acercándose…,

y mostrándole un bolsito
blanco, en el que, probable,
algo de algodón y alcohol
para aliviar las heridas
de la rehén, quien sangrando
por las diversas heridas…

La mujer, aproximándoseles…,
mientras que el atracador,
las tijeras en la cara
a la rehén aterradísima…

La mujer, con precaución,
por lo que pudiera hacer
el ladrón desesperado…

Y estando ya a pocos metros,
una botella de agua,
a los pies a él se la tira,
como si para que beba
y se tranquilice…, y él
se distrae unas milésimas
de segundo con aquello…,

y, en esa fracción, la china,
la que estaba acercándoseles,
saca, ¡¡¡rauda!!!, una pistola
de su bolsillo derecho…,

y le descerraja un tiro
de frente y a bocajarro,
y él se cae para atrás
y así suelta a la rehén,
que cae, al suelo, dolida,

y la mujer, la que estaba
tratando de intermediar,
se abalanza sobre él,

sobre el ladrón ahora herido,
que está de puertas adentro
de la tienda y, ¡sin dudarlo!,
le mete tres tiros más,
probable, entre las costillas.

Y, luego, pues ya lo sacan
arrastrándolo…, y sin vida.

Y ya atienden a la que
secuestrada, y ya la llevan
a curarla a donde sea,

y la mujer -que, se ve,
que una mujer policía-
queda también por allí,
de la escena, en el centro,
con gesto apesadumbrado
y cara no divertida.

¡Y ya está!, ¡y así la cosa!

Yo en "Antena-tres" lo vi
y también en "La Primera".
Supongo que otras también,
¡lo obligado!, lo darían.

Lo que no se hizo luego
fue valorar la noticia;
se limitaban a darla.

Supongo, falta de tiempo,
que el tiempo, en las teles, ¡oro!

Pero yo, aquí, sí lo haré,
sí me posicionaré
y sí lo valoraré:

Me pareció muy, ¡¡¡muy bien!!!,
lo que hizo la policía,
-¡la mujer!-, quien se enfrentó
a un agresor violento,
y lo engañó, y lo lió,
y se sacó la pistola
y le dio un tiro de frente
y otros pocos en el suelo,
y lo remató "¡ipso facto!".

A mi me pareció ¡¡¡heroico!!!
por parte de la señora
que así arriesgaba su vida
por salvar a una muchacha
que de una violencia máxima
estaba allí siendo objeto
sin quererlo ni buscarlo:
a mi me pareció ¡¡¡heroico!!!

Y la señora, ¡¡una héroe!!,
la policía, ¡¡una héroe!!
Mejor dicho: ¡una heroína!
Que ahora huía de esta palabra
por lo que la está manchando
la asquerosa droga ésa.

Pues eso: ¡¡una heroína!!,
la policía, ¡¡una heroína!!

Había matado a un hombre
y, ¡¡¡seguro!!!, no estaría
contenta, pero, ¡¡está claro!!,
cumpliendo con su deber,
para salvarle la vida
a una muchacha inocente
que se había visto metida
sin comerlo ni beberlo
en un suceso dramático.

Y eso sí compensaría
su disgusto: haber sabido
ganarse el sueldo arriesgándose
por salvar a una inocente.

Y haber tenido arrestos
y valor y decisión.

¡¡¡Y dos cojones!!!

                              Como ésos
que, aquí, ¡¡no!!, los Policías.

¡Los nuestros, sí, sí, los nuestros!

O no les dejan tenerlos
los Jueces y los políticos
y los reyes y las reinas;
los que aquí mandan en todo.

Que si eso llega a pasar
aquí, eso…, -y continúo
con mi posicionamiento-,
¡si eso aquí llega a pasar…!,
¡bueno!, si aquí un Policía,
por salvar a un rehén
amenazado de muerte,
hace aquí eso…, ¡¡aquí…!!,

¡bueno…!, si aquí un policía
le pega al secuestrador
aunque sea un arañazo…,
¡bueno…!, a ese Policía…,
aquí, a ese Policía,
¡a ése!, ¡¡¡se le cae el pelo!!!,
¡a ése!, ¡¡¡la cárcel cien años!!!
¡Y a ése sí sin redenciones!

Por pegarle un arañazo
a un pobre secuestrador
sin su abogado presente
y sin su O eNe Ge delante:
¡a ése!, de cárcel, ¡¡¡cien años!!!
de pena; ésa, ¡¡la mínima!!

¡Si no cadena perpetua!,
¡vamos!, ¿¡qué se había creído…!?,
¡¡hacerle esa felonía
a un pobre atracador…!!:
¡¡aquí no se hace eso!!

Aquí, ahora, y sobre todo,
la presunción de inocencia
y el respeto indiscutible
a los derechos humanos.

¡Claro!, de los delincuentes.

¡No lo iba a ser de las víctimas!

Por eso, aquel pobre diablo,
el atracador -y sigo
opinando-, aquél, ¡lo único!,
que, el pobre, fue ¡un pobre hombre!,
creo yo, fue un ¡alma cándida!,
poniéndose allí a robar
en Pekín, o sea, en China.

Porque ahora ya está en el hoyo,
que, si no, ¡ahora mismito!,
habría podido venirse
aquí, a robar, ¡aquí, aquí!,
con todas las garantías:
a robar, ¡tan ricamente!
¡Y todo lo que él quisiera!

Y en el hoyo no estaría.

¡Aquí, sí!: ¡¡tan ricamente!!

Como hacen ¡¡¡tantos y tantos!!!
que no son así de ¡estúpidos!:
¡aquí!, ¡a esta tierra exquisita!,
y plagada de hombres buenos,
y de mujeres buenísimas.

Pero, en fin; ya no hay remedio.

Y un chino menos: ¡hay tantos…!,
que, eso: ya no irá de uno.

Que Dios se apiade de él,
de aquel pobre desgraciado
que en las noticias salía.

Que ¿quién sabe si, ¡el estúpido!,
robaba para comer
o para comprarse puros?
Siempre quedará la intriga.

Pero eso: ¡se equivocó!,
¿ponerse, ¡hombre!, a robar
en la horrorosa China…?

Que Dios se apiade de él.

Y Dios también de nosotros.

De los ciudadanos buenos
de esta Noruega perdida.

Masurie

49

Estreno mundial en 'Patja d'Aro.
Paquirrín suda la camiseta en su debut como 'dj'.

Martes, 23 de agosto.

La parafernalia desplegada la noche del sábado en Platja d'aro para recibir a **Paquirrín** *fue similar a la de una gran estrella de cine.*
El hijo de Isabel Pantoja *debutó mundialmente (el cartel publicitario decía First World Session; en castellano primera sesión mundial) como pinchadiscos en la discoteca Yamra de la localidad del Baix Empordà. El concursante de Supervivientes llegó en una interminable limusina blanca de la que fue sacado en volandas por unos fornidos miembros del equipo de seguridad para sortear a los numerosos fans. Según la organización, había más de 2500 personas entre clientes, curiosos y medios de comunicación congregados en las puertas del local para recibir a Francisco Rivera Pantoja. Era tal el tumulto que la policía municipal tuvo que poner orden.* **Kiko,** *como lo llaman en familia, sudó literalmente la camiseta durante dos horas, en las que mezcló todo tipo de música, pese al dolor en una pierna por un ataque de gota, el mismo problema que le obligó a abandonar el concurso. El joven contó que la única vez que había hecho de disc-jockey en público fue en la fiesta de aniversario de su madre, el 2 de agosto. Paquirrín y Jessica Bueno, ex mis Sevilla 2009 y compañera en Supervivientes, han hecho público que tienen una relación.*

(elperiodico.com, 23/08/2011)

Y como este tema le hizo tanta gracia a Maripaz, mi correctora multidisciplinar pragmática, ¡tan guapa y tan señora ella!, pues a ella se lo dedico. Con mi afecto y mi agradecimiento.

Y, ¡¡POR FIN!!, EL CULMEN DEL "PAQUIRRÍN".

¡Si ya se veía venir!,
si es que, ¡el tío!, eso, ¡un piquito
ya desde bien pequeñito…!,
¡si ya se veía venir!

Que triunfaría en la vida
como finalmente ha sido.

Que ¡un piquito!, ¡y un tipito…!:
espigado, musculado,
fibroso, desengrasado…:
¡un cacho de atleta! auténtico.

Más, ¡¡más!! que el "Danni De Vitto",
mucho más, incluso, que ése;
y, ¡mucho, mucho! más alto;
por lo menos dos centímetros,
ambos descalzos y en suelo.

Y una mataza de pelo…
cuando estaba en parvulitos…,
¡menudo porte de pelo!

Por esto digo y repito
que esto se veía venir
por poquito que esta historia
uno la haya seguido.

La historia del "**Paquirrín**",
el niño de "La Pantoja".

Yo tengo ¡¡tantos!! amigos
que me han hablado de él…

Amigos, y conocidos
que de cerca lo veían.

Por ejemplo, uno, un día,
me contaba recordándolo
que el "Paquirrín", cuando niño,
la etapa después de párvulos,
ya iba a la escuela y todo;
casi a diario; y él solito.

O sea, que eso que dicen
que apenas sabe firmar
es un bulo sin sentido.

Escribir sí sabe; ¡y bien!:
más de dos faltas, o tres,
en una sola palabra...,
¡raramente!, ¡pocas veces!

"Ya ves -me decía este amigo
que en el colegio con él
en aquel tiempo lejano-
ya ves: ¡hasta la Maestra!,
¡si confiaría en él!,
que lo ponía a borrar
la pizarra los domingos,
para que el lunes limpita.

¡Y no se comía la tiza!
creyendo que eran terrones
de azúcar de remolacha,
como hoy malicia algún cínico,
¡¡él no se comía las tizas!!

Él limpiaba la pizarra
todita, todita, toda...,
y en poco más de seis horas,
ése, su deber, ¡cumplido!

Y eso de que un malasombra
y un niñato consentido,
ése otro rollo antipático,
también de algún sinvergüenza
que disfruta haciendo el cínico.

El "Paquirrín" era ¡¡un fiera!!
sacándose chascarrillos
de catetos y borrachos
como el Gila y el Esteso.
Y eso: y de mariconcitos.

O sea, malasombra, ¡¡nada!!

Que, ¡anda que no tenía gracia,
el "Paquirrín", con los chistes!:
¡siempre, siempre! la ha tenido.

Heredado de su madre,
contagiado por su madre,
que todo habrá que decirlo.

Su padre, que en paz descanse,
era un poquitín más soso,
pero un torero finísimo,
siempre se recordará.

Ahora, el "Paquirrín", ¡un crac!
sacándose chistes él
de su chola, lo repito.

Y alguno, hasta picante,
o sea, un poco atrevidillo.

"Y eso de que no se echase
'Clerasil' en los granitos
cuando ya en la pubertad
y ya a tocamientos dándose…,

eso es otra cruel mentira
de insidiosos malparidos.

¡¡Clarísimo!! que él se echaba
'Clerasil'. ¡Y del más bueno!,
con mis ojos lo había visto.

Ni jugando a las bolas
él tiraba con sandías.

Ni jugaba al 'Quince en raya',
porque se le hacía larguísimo,
y, ¡eso sí!, poca paciencia.

Ni se bebía los termómetros.

Ni se asaba las sardinas
en el teléfono fijo.

Todo eso eran ¡mentiras!
de sociatas herrumbrosos
y peperos corrosivos".

Seguía quien me lo contaba,
quien mucho tiempo con él
cuando los dos jovencitos.

Y al que a mí me lo decía
yo lo creo, porque aquél
era un tío muy formalete,
muy limpio y bebía poquito.

"¡Y anda que de bocadillos…!,
-otro que lo conocía
también, y me hablaba de ello-,
¡se metía unos bocadillos
de morcón, de salchichón,

de morcilla, de chorizo…!,
que ¡qué hermoso se criaba!

Hasta al cásting del 'Scottex'
lo llevó, ¡sí!, 'La Pantoja',
a ver si a él lo escogían.

No tendría más de once años.
O doce. Pero poquitos.

Pero, no, ¡no lo escogieron!,
prefirieron al perrito
ése ¡tan malafollá!
ya se sabe: el enchufismo,
que lo hay, lo habrá, y lo ha habido.

Pero, ¡sí, sí!, estuvo allí;
en el cásting del 'Scottex'
haciendo allí sus pinitos".

Y otro que lo conocía
al "Paquirrín", me contó
también que eso de que él,
el "Paquirrín", un hortera
ya cuando ya mayorcito,
eso otro embuste emblemático.

"De hortera él, ¡¡nada de nada!!:
él, de un gusto muy especial
y muy al su propio estilo.

¡No se ponía cualquier cosa!:
él, ropa siempre de marca;
y, las bambas, como mínimo,
unas 'Puma'; ¡y de las buenas!

Y niquis, todos del 'Lídel'.

Y, del 'Decathlón', los cascos
que se ponía, prevenido,
para no herirse en la frente
con los grifos de las fuentes
cuando bebía a morrito.

Y, los pañuelos, auténticos
de celulosa auténtica.
Antes prefería limpiarse
los mocos con la antemanga
que con un pañuelo chino
no de celulosa auténtica;
¡antes prefería la manga!

Que así era él, de exquisito".

El "Paquirrín".

De mirado.

Por eso, cuando ha llegado
lo que ahora ha sucedido,
a mí me parece lógico;
a mí, es que eso es ¡lo mínimo!
que tenía que acontecerle
a este, en potencia, gran divo.

Que siguiendo va los pasos
de la su excelsa mamá.

Llamado estaba a triunfar,
como finalmente ha sido.

Y hoy lo traía la prensa;
concretamente, "El Periódico";
¡sí, sí!, el de los comunistas,
ése tan serio y tan crítico.

Pues hoy lo traía "El Periódico";
hoy, día veintitrés de Agosto
del Dos mil once, ¡hoy mismito!

El debut del "Paquirrín"
en, puede, de los oficios,
el más duro que hoy existe.

Bueno, oficio, o Carrera;
por su amplio contenido.

Pues en ése destacándose,
en ése, el de "pinchadiscos".

"Disc jockey", dicho en inglés
por los de Vitigudino.

¡Pues en ése ha triunfado!,
¡pues en ésa ha triunfado!,
como se veía venir,
y ya lo he dicho al principio.

Un fenómeno mediático,
un arrasador de audiencias,
un encantador de masas…,
en lo que se ha convertido.

En "Platja d'Aro", en concreto,
Girona, que casi España,
donde se ha dado a la luz
el "Paquirrín" cuasi mítico:
¡¡tus huevos ahí, "Paquirrín"!!

"Kiko", como sus cercanos
le llaman en trato íntimo.

¡Un auténtico fenómeno!,
como a mí ¡tantos! amigos

de su infancia y pubertad
a mí me lo han referido.

Un nuevo superdotado
de esta España diferente
que definitivamente
va a acabar con el problema
que nos pasa de continuo.

Cuando nuestras selecciones
ganen algo, ¡que lo ganan!,
baloncesto, fútbol, hockey,
o los nuestros motoristas…,
o el Alonso…, o el Contador…,

cuando alguien de los nuestros
suba al podium, ¡¡¡nunca más!!!
el bochornoso espectáculo
de que nos cambien el Himno
de España, el de Nuestra Patria,
porque algún tonto de baba
se haya hecho la picha un lío.

Cuando haya que poner
el glorioso Himno de España
en cualquier acontecer,

allí estará el "Paquirrín",
para eso irá allí él,
nuestro genial pinchadiscos.

Y así ya no habrá problemas
ni confusiones estúpidas:
nuestro Himno, ¡el "Paquirrín"!,
y se acabaron los timos.

Hoy ha sido un día histórico:
¡¡el culmen del "Paquirrín"!!

Que, por más que anunciado,
no deja de ser ¡un hito!

¡Sí!, ¡claro!, un hito en la Historia;
no iba a ser en un camino.

Que eso sería ¡un mojón!,
y yo de eso nada he dicho.

Masuriel

50

El título de la penúltima broma de este libro va
entrecomillado porque se trata de una frase hecha, que
¡muchas veces! le escuché decir a "Tip", Don Luis Sánchez
Polac (q.e.p.d.), el genial humorista valenciano que nos hizo
un poco más llevadera la vida durante tantos años. Le tomé
prestada la frase, con todo respeto, para recordar otra vez a
mi admirado Don Luis, y para rendirle mi muy sincero y mi
muy humilde homenaje. Que ninguna relación de la frase con
el contenido de mi broma, desde luego; sólo que también me
serviría a mí para rematar un tema absurdo, cual era
-y cual es- la obsesión que tienen algunos "personajes de
bandera" con lo de imponer el Catalán en donde sea. Que
algunos de ésos, ya, hasta en "ránquings" de pureza.

La frase yo se la oía decir a mi admirado Maestro, a "Tip",
en aquellos "Debates sobre el estado de la nación", que en
los años Noventa daban por la radio, y dentro del programa
"Protagonistas", que presentaba Luis Del Olmo, y en los que
también participaban Don Alfonso Ussía,
Don Chumi-Chúmez (q.e.p.d.), Don José Luis Coll
(q.e.p.d. también...). ¡Qué pena de aquellos tiempos!
Que, ¡cómo hemos ido empeorando, por Dios!

¡Ah!, y el personaje figurado autor de la crítica, también ya
pasó a mejor vida, que ¡qué disgusto! para la TV-3.

Y éste tema se lo dedico a casi todos mis compañeros
Directores de Oficinas del SOC, a ver si algún acomplejado
del Idioma que le legaron sus padres -el Español- toma nota,
y deja de hacer el ridículo en las reuniones, aunque sea.

"¡YO, ES QUE ME INDIGNO, LUIS, YO ES QUE ME INDIGNO!".

¡Tengo que saltar, lo siento!

No me queda más remedio
que saltar, salirle al paso
a esta continua agresión
que se hace hacia nuestra lengua,
nuestro Catalán amado.

¡Basta de salvajerías,
hombre...!, ¡basta de sipiajos...!,
¡basta de hablar de esa forma!,
¡esto tiene que acabar!

Que raya ya en lo obsceno,
el cómo habla esa gente,
¡¡joder!!, ya raya en lo guarro.

¡La gente de Barcelona!,
¡¡sí, sí!!: la de Barcelona,
lo digo, y no me lo callo.

¡Vaya coces!, que le meten
al genuino Catalán,
al Catalán del Pompeu,
-¡con lo formal que era, el hombre!-,
¡¡vaya coces que le meten!!

¡Que hay que hablar correctamente,
joder...!, ¡que hay que ser mirados...!

O están locos, o están ciegos:
¡qué Catalán tan cateto!,
¡qué Catalán tan feísimo...!,
¡qué Catalán tan infausto!,

pleno de palabras pésimas
y de barbarismos bárbaros!

¡Lo que llegan a decir
los brutos de Barcelona!

¿Catalanes ésos...?: ¡vamos!:

"tenda", "vivenda", "soplet",
"monu", "caldu", "a llarg plaç",
"cabalgata", "cent i picu",
"buenu", "folló", "apoiar",
"culilla", "desfile", "enxufe",
"traje", "tinc que", "botiquí",
"desguatzar", "desahuciar",
"arrel de", "algu", "enterar-se",
"rascacells", "culebró",
"escaquejar-se", "txantxullu...".

¡¡Por Dios...!!, ¡¡ya está bien de tacos...!!

Que, ¡¡encima!!, son palabrazas
tomadas del Castellano:
¡¡lo único que nos faltaba!!,
¡¡otra vez la puta España!!,
¡¡esto sí que es la puntilla!!

¿No se va a morir así
el Catalán, en veinte años...?:
si es que ya no va a hacer falta,
¡joder, ya no va a hacer falta...!,

¡¡si es que los de Barcelona
es que se lo están cargando!!

¡Sí, sí!: los de Barcelona.

Yo, ¡todo el día! escuchándolos.

A ese hatajo de bestiajos
de la Barcelona ésa
del Montilla ése de Córdoba,
y del Justo Molinero
-cordobés también, ¡qué lástima!,
y ¡otro al que habría que colgarlo!-,

y el Durán Lleida de Huesca,

y el Beguiristain vasco,

y la Manuela de Madre...

¡¡¡La madre que los parió
a todos esos charnegos
piojosos y malhablados...!!!

Bueno, ¿y para qué seguir?,
ya nos lo advirtió el Pujol,
hace ya ¡una pila de años!,
¡ya nos lo advirtió el Pujol!,
y él sabía lo que decía.

Y él nos decía que algún día
llegarían estos desmanes.

Y él, su Catalán, ¡muy bueno!,
pues su "Nivel C", aprobado.

¡Llegarían estos desmanes!

¡Cuánto!, ¡¡cuánto por sufrir!!,
nos queda a los catalanes
fermos y garantitzados
como yo, el "**Pep Rubianes**".

¡¡Tanto, tanto!! por sufrir…

No sé si podré aguantarlo.

Masuriel

51

Y para acabar con broche de plata, siquiera, otro inocente comentario acerca de otro "personaje de bandera" histórico.

Un hombre ejemplar. Fue el "hermanísimo" de un Vicepresidente del Gobierno muy guapo y muy simpático él, que estuvo en los Años Ochenta.

Y este "hermanísimo" desarrolló su muy hacendosa labor prácticamente a la par que su Partido, cuando aquél arrancaba en los famosos "cien años de honradez".

Un "personaje de bandera" donde los haya, ya digo.

Y decían -y dicen- las malas lenguas, con ironía, que él iba siempre por ahí diciendo la famosa frase:

"¡YO NO QUIERO QUE ME DEN NA!"

Yo, no es que estuviera allí
cuando dijo lo que dijo,
pero sé de buena tinta
que esas fueron sus palabras.

¡Sí, hombre, sí…!: aquel de la panza…,
con un "Mercedes corriente...",
y un despachito en la Junta
de Andalucía…: el hermanísimo
de aquel Vicepresidente
que abarrotaba las plazas…
a base de bocadillos…,

el de: "¡¡venga cafelitos…!!".

¿A que sí?, ¿a que lo recuerda?

Pues aquel preobeso crítico,
yo sé que acuñó una frase
que contenía, mismamente,
toda una forma de hacer,
toda una filosofía,
puesta de largo, o de larga.

De ahí la enorme valía
y la enorme trascendencia
que la tal frase alcanzara.

Bueno, y justo es que lo diga
que todavía es el eslogan
vigente y preponderante
entre la gente boyante
que proviene, como aquél,
de un substrato miserable,
pero que en plena escalada,

gracias a una gran entrega
y a un saber aprovechar,
de la vida, las sus cartas.

Lema es de esa casta audaz,
pragmática y sistemática
aún, la frase matemática
de aquel prohombre magnífico.

Quien dijo, con su gracejo
y su simpatía prosaica,
desde su orgullo valiente,
¡tajante!, y caiga quien caiga:

"¡Yo no quiero que me den na!";
yo, lo único que quiero es que
me pongan en donde haiga ".

"Yo ya me despacharé".

Esto creo que no lo dijo,
pero podría haberlo dicho.

Pero es que ya no hacía falta.

Que su mensaje, bien nítido,
transparente como el agua.

Y él, bordeando lo exquisito
cuando poniéndolo en práctica.

¡Cuánta moral contenían!,
¡cuánta lección comprimían
aquellas pocas palabras!

Para que a mí ahora me digan
que sin estudios primarios
no puede llegarse a nada.

¡Larga vida a ese talento!,
que aún mora en el Sur de España.

...

¿Qué dice...: que yo, un cateto...?,

¿que estoy haciendo el ridículo...?,

¿que esa frase era plagiada...?,

¿que fue que él se la apropió
por el morro…, por la cara…?,

¿que usted vivía en Sevilla,
y conocía al individuo
cual, de su mano, la palma...?,

¿que aquel "Guerra" era otro "Guerra..."?,

¿que el de la frase era otro…?,
¿que la de:

"Yo no quiero que me den ná;
yo quiero que me pongan en donde haiga".

era plagiada…?,
¿que aquel "Guerra" era otro "Guerra…"?

¿que el que la inventó, otro "Guerra…"?,

¿me va usted a mí a vacilar…?

¡Qué sabrá usted de la vida!:

¡ande!, ¡¡váyase a hacer gárgaras!!

Masuriel

Fin

Dedicado a mi querida hermana Primilaura.
Con mi eterno agradecimiento.